Felix Manthey

Das Marktpotential für mobile Videoformate in Deutschland

W0051779

Felix Manthey

Das Marktpotential für mobile Videoformate in Deutschland

VDM Verlag Dr. Müller

Impressum

Bibliografische Information der Deutschen Nationalbibliothek: Die Deutsche Nationalbibliothek verzeichnet diese Publikation in der Deutschen Nationalbibliografie; detaillierte bibliografische Daten sind im Internet über http://dnb.d-nb.de abrufbar.

Coverbild: www.purestockx.com

Erscheinungsjahr: 2008
Erscheinungsort: Saarbrücken

Verlag:
VDM Verlag Dr. Müller Aktiengesellschaft & Co. KG, Dudweiler Landstr. 125 a, 66123 Saarbrücken, Deutschland,
Telefon +49 681 9100-698, Telefax +49 681 9100-988,
Email: info@vdm-verlag.de

Herstellung in Deutschland:
Schaltungsdienst Lange o.H.G., Zehrensdorfer Str. 11, D-12277 Berlin
Books on Demand GmbH, Gutenbergring 53, D-22848 Norderstedt

ISBN: 978-3-8364-6203-7

Inhaltsverzeichnis

4

0. Einleitung

Die Kommunikations- und Medienmärkte schreiten in einem rasanten Entwicklungstempo voran. Zu beobachten ist eine durchgehende Digitalisierung bei der Herstellung, Verarbeitung, Speicherung und Übertragung von Informationen und Medienformaten.[1]

Die durchgehende Digitalisierung ermöglicht es, dass die Technologien und Dienste verschiedener Märkte verschmelzen. Diese Entwicklung ist auf dem Kommunikations- und Medienmarkt zu beobachten, wo sie Anbieter zusammenführt, die bislang unabhängig voneinander agierten. Neue Übertragungsarten, auf neuen Geräten mit neuen Diensten sind am Entstehen.

Bei der Entwicklung neuer Technologien versucht man durch entsprechend neue Dienste und Anwendungen die Akzeptanz des Nutzers zu erreichen. Dank der Übertragungsmöglichkeiten und videofähiger Handys, entsteht für kleinformatige Filme eine mobile Plattform.

Bis jetzt ist jedoch noch völlig offen, mit welchen Inhalten sie gefüllt werden soll und welche Zielgruppe hierbei den Markt dominieren wird. Wird hier nur eine Digitalisierung des Rundfunks mit 1:1 Übertragung stattfinden? Welche Rolle werden die großen Medienkonzerne und öffentlich rechtliche TV Anstalten spielen und haben Kurzfilmproduzenten die einmalige Chance, ihre Kompetenzen und Formate auf dieser mobilen Plattform zu etablieren und auszubauen?

Diesen Fragestellungen wird die hier vorliegende Arbeit nachgehen, um eine Aussage über das Potential mobiler Videoformate in Deutschland machen zu können. Dazu werden die wichtigsten Aspekte in acht Kapiteln beleuchtet und hinterfragt.

Auf Grund der Aktualität und der rasanten Entwicklung dieses Themas, hat sich das eminent auf die Recherche für die Erstellung der Arbeit ausgewirkt. Fast wöchentlich wurden neue Meldungen und Meinungen veröffentlicht. Daher musste vorwiegend auf Sekundärquellen zurückgegriffen werden. Fachliteratur, die sich speziell mit dem

---

[1] vgl. Eberspächer/ Ziemer, 2000, S. 1

deutschen Markt beschäftigt, ist leider noch nicht verfügbar gewesen. Das Zahlenmaterial von aktuellen Marktstudien konnte nur eingeschränkt verwertet werden. Kernaussagen wurden zwar von den entsprechenden Unternehmensberatungen veröffentlicht, aber der vollständige Erwerb wäre nur gegen Entgelt möglich gewesen. Die Preise hierfür lagen bei 1200€ aufwärts

Die wertvollsten Erkenntnisse hat der Autor durch die Teilnahme am Innovationsforum „nonlineare Medien" gewonnen. Diese vom BMBF (Bundesministerium für Bildung und Forschung) geförderte und durch das dmi (digital media institut) an der HFF (Hochschule für Film- und Fernsehen) organisierte Veranstaltungsreihe verhalf zu interessanten und sehr wichtigen Einblicken und Erkenntnissen dank der anwesenden Expertenrunde.

Der aktuelle Stand der Arbeit bezieht sich aus redaktionellen Gründen auf die nationale Marktentwicklung für mobile Videoformate bis einschließlich Januar 2006.

1. Zur Entwicklung eines neuen Formates

Der Mobilfunkmarkt kann eine Abdeckung von derzeitig ca. 86% Prozent verzeichnen. Durch zunehmend fallende Preise und steigende Konkurrenz, wird die Akzeptanz des Mobilfunks noch wachsen. Damit müssen die Mobilfunkbetreiber noch stärker zwischen den einzelnen Zielgruppen unterscheiden. Grund genug, neben der klassischen Sprachübertragung die technischen Möglichkeiten der Datenübertragung als Wachstumsträger durch informative und unterhaltsame Anwendungen intensiver auszuschöpfen. In diese Überlegung werden auch die Angebote mobiler Videoformate eingeschlossen. Auf der Suche nach einer erfolgreichen Anwendung, einer „Killerapplikation, " werden die unterschiedlichsten Angebotsformen getestet.

1.1. Strategie der Mobilfunkanbieter

Die klassischen Angebote der Mobilfunkbetreiber – Sprachübertragung und SMS Versand – rangieren laut einer von dem Unternehmen „Buongiorno" Deutschland in Auftrag gegebenen Studie unter 5000 Handynutzern in Europa, USA und Südafrika nach wie vor mit 98% auf den ersten beiden Plätzen. Aber schon auf Platz drei mit 68% folgen das Downloaden von Klingeltönen, Wallpapers und Spielen.[2]

Ein weiteres Ergebnis dieser Studie ist, dass die Handynutzer weltweit nach einem Gefühl der Bereicherung, nach persönlicher Befriedigung und Exklusivität suchen. „Sie versprechen sich von Mobilfunkangeboten die gleichen positiven Emotionen, wie sie der Kauf von modischer Kleidung oder Accessoires vermitteln kann."[3] Die Umfrage unterstreicht die zunehmende Akzeptanz von „mobilem Entertainment, " auf welche die Mobilfunkunternehmen zur Sicherung ihrer Marktposition reagieren. Da aber der Bereich Entertainment nicht zu den Kernkompetenzen der Mobilfunkunternehmen gehört, sind sie bis auf weiteres gezwungen, sich strategische Partnerschaften zu suchen. So ist etwa die Zusammenarbeit mit der Musikbranche notwendig um den Verkauf von Klingeltönen und Songs erfolgreich zu vermarkten.

---

[2] vgl. Blickpunkt: Film Pressebericht vom 29.11.2005
„ Mobile Entertainment beliebter denn je"
[3] Zitat aus ebd.

Die Verfügbarkeit der neuesten Mobilfunktechnik UMTS erfordert zur Ausschöpfung des Marktpotentials weitere Anwendungen, die ebenfalls nur über strategische Partnerschaften erreicht werden können. *Vodafone* hat sich beispielsweise entschlossen, Handy–TV als UMTS Anwendung anzubieten und kooperiert hierfür unter anderem mit Pro7/Sat1. Sobald hier eine profitable Entwicklung erkennbar wird, werden weitere Anbieter nachziehen.

1.2. Strategie der Medienbranche

Auch der Medienmarkt befindet sich infolge der Digitalisierung medialer Inhalte und Distributionswege in einem Veränderungsprozess.[4] Für Anbieter von audiovisuellen Inhalten bedeutet dies einen Umdenkungs- und Anpassungsprozess, der entsprechende Entwicklungen berücksichtigt. Diese Meinung wird auch in einer Studie von *Mc Kinsey* im Auftrag der Interessengemeinschaft *„film20"* vertreten. Die Studie sieht eine Umverteilung bei der Nutzung von klassischen Medien hin zu neuen Medien.[5] Auch prognostiziert sie eine Zunahme mobiler Nutzungen, da diese bisher ungenutzte Zeiträume, so genannte *„Totzeiten,"* ausfüllen würden. Aber genau diese Zeiten gälte es lebendig und unterhaltsam für den Nutzer zu gestalten. Schließlich kann so z.B. aus einer langweiligen Bahnfahrt eine mit entsprechender Unterhaltung gefüllte Zeitspanne werden.

Hier besteht also die Möglichkeit für Produzenten, der Nachfrage mit entsprechenden Videoformaten gerecht zu werden. Dabei sieht er sich aber mit einem ihm neuen Zielpublikum konfrontiert. Und er besitzt nicht das technische Know-how, um die Formate mobilgerecht aufzubereiten. Daher muss der Produzent Inhalte und technische Parameter mit dem Mobilfunkbetreiber abgleichen, da dieser wiederum die größeren Erfahrungswerte mit dem mobilen Nutzer vorweisen kann.

An diesem Punkt verschmelzen die Interessen von Kommunikations- und Medienbranche bei der Verfolgung ihrer wirtschaftlichen Interessen.

---

[4] vgl. Mc Kinsey "Der Markt für Content unter den Bedingungen der Digitalisierung," S. 2
[5] ebd. S. 9

Die Datenübertragung, als auch die Displaygröße der Endgeräte stellen die Netzbetreiber und Gerätehersteller einerseits, sowie den Produzenten medialer Inhalte andererseits, vor neue Herausforderungen. Nicht zu vergessen der Kunde, der überspitzt gesagt, Filme in „post-it-Zettelgröße" schauen wird. Diese bisher sehr stark komprimierten Bild- und Tondateien verlangen dem Konsumenten eine Gewöhnungszeit und Umstellungen der Rezeption ab. Hinzu kommt, dass die mobile Nutzungssituation sich grundlegend vom bisher gewohnten stationären Filmkonsum unterscheidet.

Man kann also keineswegs nur von „Fernsehen mit neuer Technik" sprechen. [6] Hierzu unterscheiden sich die mobilen Nutzungsaspekte und -situationen viel zu sehr von dem Fernsehkonsum in den eigenen vier Wänden. Somit substituieren mobile Videoformate nicht die alten Formate. Vielmehr werden sie auf einer eigenen mobilen Plattform mit eigenständigen technischen und wirtschaftlichen Parametern präsentiert. Daraus lässt sich folgern, dass ein neues Format entstanden ist.

---

[6] vgl. Bisenius/ Siegert, 2002, S. 15

2. Digitale Konvergenz als Trend

Wie einleitend dargelegt, ist das Zusammenwachsen von Kommunikations- und Medienmarkt erforderlich, um neuen Techniken mit entsprechenden Anwendungen zu breiter Akzeptanz zu verhelfen. Das Zusammenwachsen der Märkte, als auch die durchgehende Digitalisierung beeinflussen Angebot und Nachfrage nachhaltig.

Für diesen Prozess hat sich der Begriff „Konvergenz" fest etabliert, wenngleich sich unterschiedliche Auslegungen dahinter verbergen. In der Internet- Enzyklopädie „Wikipedia" wird Konvergenz allgemein mit Annäherung oder auch Zusammenstreben beschrieben. Im Zusammenhang mit dieser Arbeit beschreibt Konvergenz die „Annäherung verschiedener Einzelmedien entweder in Bezug auf wirtschaftliche, technische oder inhaltliche Aspekte."[7]

Die in Kapitel 1. aufgezeigte Entwicklung eines neuen Videoformates für mobile Endgeräte ist die Folge der Konvergenz eines technischen wie auch am Markt orientierten Prozesses.

Die technischen Prozesse vollziehen sich im Rahmen der digitalen Konvergenz. Darunter ist die Datenkomprimierung und deren effektivere Übertragung, Speicherung und Abspielung zu verstehen. Bereits entwickelte Übertragungsverfahren sind z.b. auch die Übertragungssysteme DAB und DVB für Radio und Fernsehen. Sie sollen dazu beitragen, dass bis 2010 deutschlandweit sukzessive die analogen Übertragungsverfahren durch digitale abgelöst werden. Zwangsläufig hat das zur Folge, dass die entsprechenden Endgeräte ausgetauscht werden müssen. Gleichzeitig wird die Nachfrage nach dem Empfang digitaler Dienste auf mobilen Endgeräten einen entsprechenden Austausch der analogen Gerätegeneration auslösen. Die am Markt orientierten Prozesse betreffen die Konvergenz in den Kommunikations- und Medienmärkten.

Digitale Medien wie Radio, Fernsehen, Internet und Telefonie verschmelzen auf einem einzigen Endgerät. Dank Internetanschlüssen mit hoher Bandbreite zu günstigen Tarifen nutzen viele dieses Medium kostenlos, um zu telefonieren sowie

---

[7] Zitat aus wikipedia.org/wiki/Medienkonvergenz

an Musik und Videodateien zu gelangen. Laut „*Brennerstudie"* der FFA (Film - Förderungs - Anstalt) wurden 2005 von 7 Millionen Menschen 58 Millionen Filme illegal vervielfältigt. Das sind 15% mehr als im Vorjahreszeitraum.[8] Die Zahlen verdeutlichen, dass Konvergenzprozesse auch großen wirtschaftlichen Schaden anrichten können. Schon seit geraumer Zeit führen Raubkopien zu hohen Umsatzeinbußen in der Film- und Musikindustrie.

Auch der digitale Konvergenzprozess für mobile Videoformate ist vor solchen Gefahren nicht geschützt. Aber, und das wird in Kapitel 5. näher erläutert, besteht die Möglichkeit hierfür andere rechtliche Rahmenbedingungen zu schaffen, um den „*Raubkopierertrend"* nicht auf der mobilen Plattform weiter zu fördern.

---

[8] vgl. FFA „Brennerstudie 2005," S. 23

3. Technische Plattformen

Mobile Videoformate erfordern technische Plattformen, die sowohl hinsichtlich der Übertragungswege als auch der Endgeräte ein hohes Maß an Komfort und Kundenakzeptanz gewährleisten. Diese technischen Grundlagen werden nachfolgend aufgezeigt.

3.1. Übertragungssysteme

Zur Übertragung auf mobile Plattformen werden gegenwärtig verschiedene Übertragungssysteme angeboten bzw. für den Markt entwickelt. Sie unterscheiden sich sowohl in ihren Sende- als auch Empfangstechniken. Je nach Technik werden sie von unterschiedlichen Sende- und Netzbetreibern, Herstellern als auch Medienanstalten der Bundesländer unterstützt.

Bei den wichtigsten Übertragungsmöglichkeiten handelt es sich aktuell um folgende:

- GPRS (General Packet Radio Service)
- UMTS (Universal Mobile Telecommunications System)
- DMB (Digital Multimedia Broadcasting)
- DVB-H (Digital Video Broadcasting – Handheld)

3.1.1. GPRS (General Packet Radio Service)

Bei GPRS handelt es sich um eine bereits etablierte Übertragungstechnik, die ein Bindeglied (2,5G) zwischen zweiter (2G) und dritter Mobilfunkgeneration (3G) darstellt. Als Erweiterung des GSM Standards (Global System for Mobile Communication, mit einer Übertragungsrate von 9,6 kbit/s) ist GPRS heute in den meisten Mobilfunkgeräten verfügbar. Das technische Merkmal ist die paketorientierte Datenübertragung. Dabei werden Datenpakete gesendet und beim Empfänger wieder zusammengesetzt. Die Verbindung wird nur genutzt, wenn Daten übertragen werden, selbst wenn die Netzverbindung aufrecht erhalten bleibt (virtuelle Verbindung).[9] Nach einem Down- oder Upload erfolgt die

---

[9] vgl. wikipedia.org/wiki/GPRS

13

Kostenabrechnung nur über das gesendete Datenvolumen und nicht über die verbrauchte Zeit.[10] Die Übertragungsgeschwindigkeit liegt zwischen 50 und 100 kbit/s. Die GPRS Technik wird z.b. zur Betrachtung von WAP- Seiten, als Zugang zum Internet (Handy als Modem) oder dem Empfang und Versand von MMS (Multimedia Messaging Service) Nachrichten eingesetzt. Aber auch kleinere Videos können via GPRS übertragen werden. Diese werden dann nach dem 3gp Dateiformat kodiert und stark komprimiert. Für Videos ist der Codec MPG-4 und H.263 möglich, für Audio Codec AMR und AAC.

3.1.2. UMTS (Universal Mobile Telecommunications System)

UMTS ist eine Weiterentwicklung der GSM- und GPRS Mobilfunktechnik. Es stellt die dritte Generation des Mobilfunks dar (3G). Langfristig soll UMTS die vorherigen Mobilfunkgenerationen ablösen. Bis auf weiteres wird es aber mit diesen kompatibel bleiben, da noch zu viele Nutzer auf 2G angewiesen sind.

Sprachtelefonie in besserer Qualität sowie höhere Zellkapazitäten für Nutzer sind Charakteristika von UMTS. Ein weiterer Vorteil liegt in den höheren Datenraten, welche somit neue Datendienste ermöglichen.

Hierbei wird im Vergleich zu GPRS ein anderes Übertragungsverfahren genutzt. Die Technik unterscheidet sich in Funk- und Trägernetz. Auf der Funkseite befindet sich das mobile Endgerät, auf der Trägernetzseite die Basisstation, welche die Verbindungen koordiniert sowie zu anderen Mobilfunknetzen herstellt.[11] Anders als beim paketorientierten Datenversand bei GPRS kann UMTS mehrere Datenströme, egal ob Empfang oder Versand, gleichzeitig verarbeiten. Endgerät und Basisstation senden ihre Daten in unterschiedlichen Frequenzbereichen, dem Uplink- Kanal und Downlink- Kanal.[12] Für den Empfang sind Datenraten von bis zu 384 kbit/s möglich. Dieses Verfahren wird als Frequenzmultiplex bezeichnet. UMTS ermöglicht damit die „Rückkanalfähigkeit," d.h. es sind interaktive Anwendungen oder komplexe Multimediaanwendungen über das Mobilfunknetz möglich.[13]

[10] vgl. wikipedia.de/wiki/gprs
[11] vgl. www.umts.info
[12] vgl. wikipedia.org/wiki/umts
[13] vgl. www.umts-report.de

14

Ein anderes Verfahren die Datenübertragungen via UMTS zu koordinieren, ist der Zeitmultiplex. Dabei senden Endgerät und Basisstation nicht in unterschiedlichen Frequenzen, sondern nur zu einem unterschiedlichen Zeitpunkt. Es ist technisch aufwendiger und bisher noch nicht kommerziell verfügbar.[14]

Eine Hauptabdeckung des UMTS Netzes wird sich in Deutschland aus Kostengründen zuerst nur auf die Ballungsräume konzentrieren. Daher werden UMTS Mobilgeräte auch noch GSM fähig bleiben müssen.

Eine Erhöhung der Datenraten ist zukünftig durch das HSDPA (High Speed Downlink Packet Access) Verfahren möglich. Hierdurch werden Datenraten von bis zu 10,8 Mbit/s erreicht. Gerade für den Download von größeren Datenmengen wie etwa Filmen wäre ein Einsatz von denkbarem Vorteil.

In bestimmten Fällen wäre aber auch die Kapazitätsgrenze des UMTS Netzes erreicht. Wenn sich zum Beispiel tausende von Personen in einer Netzzelle befinden (Fußballstadion) und den gleichen Film abrufen würden, wäre das Netz überlastet. Es wäre nicht möglich, die Kapazitäten auf so viele Nutzer zu verteilen, da sie sich, ähnlich einer Hierarchie, abnehmend aufteilen. Das verdeutlicht, warum dieses Verfahren zum Rundfunk nicht geeignet ist. Aber für den individuellen Download von Musik oder mobilen Videoformaten lassen sich die Geräte optimal nutzen.

Hier noch einmal eine kurze Auflistungen denkbarer Anwendungen via UMTS:

- Audio- und Videotelefonie
- Nachrichtendienste (Internet)
- Ortsbezogene Broadcast-Dienste (Navigation, Verkehrsregelung)
- Ortsbezogene Datendienste (Chat, Stadtführer)
- Bezahldienste wie e-Commerce
- Download von Filmen
- Handy- TV

[14] ebd.

Aus heutiger Sicht wurde das Potenzial von UMTS bei der Lizenzvergabe im Jahre 2000 wohl optimistisch überbewertet. Bei *T-Mobile, E-Plus, Vodafone, O2, Mobilcom* sowie *Group 3G* betrug die Kaufsumme über 50 Milliarden Euro für Lizenzen im deutschen Markt. Nur die ersten vier Netzbetreiber sind davon noch übrig geblieben. Hinzu werden noch einmal viele Milliarden Euro kommen, um ein flächendeckendes Netz aufbauen zu können. Die Verfügbarkeit beschränkt sich daher zunächst erst einmal auf die Ballungszentren.

In Deutschland kann *Vodafone* bisher die größte Nachfrage nach UMTS Angeboten vorweisen und gilt als treibende Kraft im Markt. Etwas mehr als 100.000 von 28 Millionen Kunden nutzen die UMTS Angebote. [15] Dazu gehört auch Handy-TV, welches im *„Vodafone Live Portal"* angeboten wird. Das Angebot umfasst 24 Kanäle, wobei sie entweder live oder im Loop (Schleife) empfangbar sind. In Deutschland nutzen bisher erst 3,2% der Mobilfunkkunden UMTS.[16]

Um Sicherheit für weitere Investitionen zu bekommen, suchen die Mobilfunkbetreiber derzeitig noch nach erfolgversprechenden neuen Anwendungen mit entsprechender Kundenakzeptanz. Besonders von interaktiven Applikationen versprechen sie sich hohe Einnahmen, da der Nutzer nicht nur für den Empfang sondern auch den Versand über den Rückkanal zahlen muss. Noch kann aber nicht gesagt werden, ob eine Killerapplikation auch interaktive Elemente enthält. Die Erfahrungswerte hierfür fehlen.

Für eine erfolgreiche Etablierung im Mobilfunkmarkt von UMTS ist es natürlich erforderlich, dass der Nutzer über das notwendige Endgerät verfügt. Dies könnte begünstigt werden, indem man den Vertragskunden beim Geräteaustausch ein subventioniertes UMTS Handy anbietet. Da solche Geräteaustausche in regelmäßigen Abständen von meist 2 Jahren stattfinden, kann man UMTS Geräte sukzessive im Markt platzieren. Man geht davon aus, dass sich UMTS schneller als seine Vorgängerstandards entwickeln wird. In Korea werden bereits jetzt 3,5G Handys mit HSDPA- Technik auf den Markt gebracht.

---

[15] vgl. Spiegel.de Meldung vom 17.10.05 „Logische Fusion"
[16] vgl. M:Metrics „European 3G Users Embracing New Multimedia Mobile cultures," S. 1

3.1.3. DMB (Digital Multimedia Broadcasting)

Im Gegensatz zu UMTS handelt es sich bei DMB um ein digitales Rundfunksystem. Geprägt wurde der Begriff 1990 von der Firma *Bosch*, die DMB initiiert und vorangetrieben hat.[17] Seine Technologie basiert auf der so genannten DAB Technik (Digital Audio Broadcast),[18] die für den Empfang von digitalen Radioprogrammen entwickelt wurde. DMB eignet sich daher besonders für die Übertragung von Radio und Fernsehen auf mobile Endgeräte, auch bei hohen Geschwindigkeiten. DMB hat in Deutschland noch nicht den Marktstand wie GPRS oder UMTS erreicht und befindet sich derzeitig in der Erprobungsphase für marktfähige Geschäftsmodelle.

Die Bandbreite kann bis zu 1,5 Mbit/s betragen. Das ermöglicht die Übertragung von bis zu vier audiovisuellen Programmen in einem 1,5 MHz Kanal. Sie können in einem Frequenzbereich zwischen 50 MHz und 3 GHz eingesetzt werden. Eine Frequenzzuweisung für DMB/DAB Projekte ist für das Rundfunkband III und IV oder den L-Band Bereich zu erwarten.[19] Es eignet sich sowohl für die Übertragung über Antenne (Terrestrisch), SAT oder Kabel.

Die Datenrate beträgt bis zu 1 Mbit/s. Videos werden dabei mit dem MPG-4/ H.264 Verfahren komprimiert. Für Audiodaten wird der Codec AAC und BSAC verwendet.

Nach Meinung der Experten werden sich zukünftige Angebote mit denen von Interaktivität koppeln. Dazu steht dem Teilnehmer der Mobilfunkkanal seines Endgerätes als Rückkanal zur Verfügung. Das ermöglicht ihm z.B. Programme interaktiv zu wählen oder sich an Abstimmungsverfahren zu beteiligen.[20]

In Deutschland besteht eine Netzabdeckung zu 80%, wobei die Angebote bisher nur von 100.000 Nutzern akzeptiert wurden.[21] Mit der zusätzlichen Nutzung durch DMB

---

[17]vgl. Müller-Römer, „Die Einführung von Broadcastmediendiensten. Technischer Stand und politische Herausforderung S. 171
[18] vgl. wikipedia.org/wiki/dab
[19]vgl. Müller-Römer, „Die Einführung von Broadcastmediendiensten. Technischer Stand und politische Herausforderung", S. 172
[20] ebd. S. 168
[21]vgl. ARD Ratgeber Technik, Meldung vom 04.09.2005, „Fernsehen auf dem Handy - Glotze für unterwegs"

17

Dienste könnten sich die hohen Investitionskosten für DAB evtl. wieder amortisieren und für eine höhere Kundenakzeptanz sorgen.

Vergleicht man diesen Stand mit der Entwicklung in Korea, befindet sich der Stand von DMB Übertragungen in Deutschland noch ganz am Anfang. Dort werden via Satellit seit dem letzten Jahr kostenpflichtige Multimediadienste von Unternehmen wie „Korea Telecom" angeboten und erfreuen sich größter Popularität. Das dort eingesetzte DMB System ist aber nicht mit dem deutschen kompatibel.

Derzeitig finden landesweit verschiedene Feldversuche mit DMB statt. Einer der größten wurde jüngst von der Bayrischen Landeszentrale für neue Medien (BLM) ausgeschrieben. Ab 2006 wird ein zweijähriger Test starten, der ein lokales TV-Programm sowie lokale Radioprogramme erprobt[22].

Auch Baden Württemberg beteiligt sich an Testläufen. Im Oktober wurde in einer Pressemitteilung bekannt gegeben, dass man ein bundesweites Erprobungsprojekt für mobile Rundfunkdienste ermöglichen möchte und eine Ausschreibung für die Übertragung von Rundfunkkapazitäten initiiert hat.[23] „Es werden Plattformbetreiber gesucht, die drei bis vier Fernsehprogramme oder Handy angepasste Fernsehformate zusammenstellen und gemeinsam mit Mobilfunkbetreibern auf den Markt bringen."[24] Im November 2005 hat die BLM (Bayrische Landeszentrale für neue Medien) sich an einem internationalen DMB Programm beteiligt. Es nennt sich „my friends" was für Mobiles, Interaktives Fernsehen, Radio, Information, Entertainment und Neue Digitale Services steht. Es ist ein Verbund aus den Teilprojekten in den Regionen Regensburg, München, Bodensee und Südtirol. Die Projektdauer ist für 2 Jahre hin angelegt.

Des weiteren soll anlässlich der WM 2006 in Zusammenarbeit von *BLM, Bayrischer Rundfunk, T-Systems Media Broadcast* und dem Mobilgerätehersteller *Samsung* ein weiterer Feldversuch gestartet werden.[25]

---

[22]vgl. Müller-Römer, „Die Einführung von Broadcastmediendiensten. Technischer Stand und politische Herausforderung", S. 172
[23]LFK Baden-Württemberg, Pressemeldung vom 17.10.2005, „LFK schreibt Projekt mit mobilen Rundfunkdiensten aus"
[24] Zitat aus ebd.
[25] ebd.

Sollte man versuchen, DMB im Markt und Regelbetrieb nach der WM 2006 zu etablieren, müsste man zuvor das Problem einer Frequenzknappheit lösen.[26] Es besteht momentan nur noch *ein* freies Netz im L-Band Bereich. Über dessen Freigabe haben in erster Linie die Landesmedienanstalten zu entscheiden. Laut Gesetz können die öffentlich-rechtlichen Rundfunkanstalten über eine Vergabe an die privaten Anstalten abstimmen, sofern sie keinen eigenen Bedarf haben. Eine endgültige Entscheidung liegt darüber noch nicht vor.

Es ist schwer vorstellbar, dass nur die öffentlich-rechtlichen Rundfunkanstalten Eigenbedarf anmelden, da sie mit den Einnahmen aus den Rundfunkgebühren kaum den Aufbau eines Netzes finanzieren könnten. Die Einbindung von privaten Anbietern, die Teile des L-Band Bereiches übernehmen würden, wäre für ein DMB Netz mit Zukunft dringend erforderlich.[27]

Neue Geschäftsmodelle, welche die Interessen aller Plattformbetreiber, Sender und Produzenten einerseits und Mobilfunkunternehmen andererseits, berücksichtigen, müssen hierfür erst noch konzipiert werden. Experten sehen hier folgendes mögliche Szenario: Ein Plattformbetreiber bietet den öffentlich-rechtlichen und privaten Sendern an, bestimmte Programmteile gegen Entgelt über sein Netz auszustrahlen. Hierzu kauft er diese von den Sendern ein um sie an Mobilfunkbetreiber (soweit sie kein eigenes Netz haben) weiter zu verkaufen.[28] Damit wäre das Problem der Amortisation eines Netzbetriebes lösbar, setzt aber voraus, dass die L-Band Frequenzen allen Bewerbern zugänglich sind.

Inwieweit ein derartiges Konzept bereits für die WM 2006 zum Zuge kommen kann, lässt sich für den Autor derzeit nicht erkennen. Eine Chance wäre es allemal, und wenn es sich nur auf die Austragungsorte beschränken würde.

---

[26] vgl. Müller, „Neue Geschäftsmodelle," S. 42
[27] ebd. S. 43
[28] ebd. S. 44

3.1.4. DVB-H (Digital Video Broadcasting – Handheld)

Bei DVB-H handelt es sich, wie bei DMB, um ein digitales Broadcastsystem. Technisch baut es auf seinem großen Bruder, der DVB-T Technik auf. Das „H" steht hierbei für Handheld, sprich Handgeräte. DVB-H ermöglicht den mobilen Empfang von Fernsehen und anderen Multimediaanwendungen. Trotz seiner Spezifikation für den mobilen Empfang ist DVB-H zum größten Teil mit dem DVB-T Standard kompatibel und kann (muss aber nicht) über deren Sendernetz ausgestrahlt werden. Bisher geschieht das in Deutschland nur auf dem digitalen terrestrischen Wege. Rückkanäle für interaktive Dienste können via Mobilfunkkanal realisiert werden.[29] Für Video werden die Codecs MPG-4/ H.264 und für Audio MPEG4/ AAC verwendet. Seine Bandbreite kann bis zu 30 Kanäle betragen.

Die Übertragung kann über DVB-T auf dem gleichen Kanal erfolgen. Zusätzliche Signalisierungen der DVB-H Elementarströme ermöglichen die Unterscheidung vom DVB-T Signal.[30] Die Signalisierung erfolgt abwärtskompatibel zum DVB-T System und ermöglicht damit Kompatibilität zu anderen DVB-H Transportströmen.[31]

Die technisch wesentlichen neuen Elemente sind „time sclicing" und „erweiterter Fehlerschutz" (MPE-FEC).

3.1.4.1. Time Slicing

Der mobile Empfang ist immer mit dem Problem der begrenzten Leistungsaufnahme sowie Energie (Akkubetrieb) verbunden. Beim Time Slicing („Zeit-Scheibchen") werden statt eines kontinuierlichen Datenstroms komprimierte Datenpakete, so genannte bursts, periodisch ausgestrahlt (Zeitmultiplex). Die bursts enthalten gerade soviel Information wie für den Datenstrom notwendig. Somit wird vermieden, dass ein kontinuierlicher Datenstrom decodiert werden muss. Zwischen diesen Zeitschlitzen kann sich das Empfangsteil für mehrere Sekunden abschalten. Somit ist es möglich, die Laufzeit der Akkus effektiv zu verlängern.

---

[29] vgl. wikipedia.org/wiki/dvb-h
[30] vgl. Kornfeld „DVB-H: Digitaler Rundfunk für Smartphone, PDA & Co.", S. 36
[31] ebd. S. 36

3.1.4.2. MPE-FEC (Multi Protocol Encapsulation - Forward Error Correction)

Daten werden bei DVB-H auf Basis des Internet Protocol (IP) und des MPEG2 Standards übertragen. Andere DVB Systeme basieren nur auf MPEG2-Datenströmen.

Ein Anpassungsprotokoll, das „Multi Protocol Encapsulation," vereinigt beide Standards, um größtmögliche Kompatibilität mit anderen Techniken, speziell Internettechniken zu gewährleisten. Um den Empfang noch zuverlässiger bzw. die Funksignale vor Störimpulsen zu schützen, hat man zusätzlich noch einen Fehlerschutz in die IP-Ebene integriert. Dieser Fehlerschutz nennt sich Multi Protocol Encapsulation - Forward Error Correction (MPE-FEC).[32]

3.1.4.3. Nationale DVB-H Pilotprojekte

Ausgiebige Feldversuche mit DVB-H werden derzeitig in Berlin durchgeführt. Diese laufen im Rahmen des bmco Forums (Broadcast- Mobile- Convergence- Forum). Es wird von mehr als 30 nationalen und internationalen Unternehmen unterstützt.[33]

Die Hamburgische Anstalt für neue Medien (HAM) hat im Januar 2006 ein für 3 Jahre angelegtes Pilotprojekt ausgeschrieben. Es werden Übertragungskapazitäten für DMB als auch DVB-H zur Verfügung gestellt.[34]
Erfolgreiche Tests führen aber nicht automatisch zu Regelbetrieb. Auch für DVB-H stehen nur wenige Übertragungskapazitäten zur Verfügung, da diese schon von DVB T genutzt werden.

Bundesweit sind Flächen deckende DVB-T Netze geplant, die bis 2010 das analoge Netz abgelöst haben sollen. Der Empfang der öffentlich-rechtlichen Sender wäre damit über DVB-T gewährleistet. Ob diese aber über DVB-H und DMB zu empfangen sein werden, ist derzeitig noch eine Streitfrage. Die ARD betrachtet sie als Bestandteil der öffentlich-rechtlichen Grundversorgung und die Programme

---

[32] ebd. S. 37
[33] vgl. www.bmco-berlin.com "Current members"
[34] vgl. Pressemeldung vom 04.01.06 auf www.ham-online.de

sollten frei empfänglich sein. Für die ARD ist mobile Broadcast, Rundfunk, unabhängig vom Übertragungsweg.[35]

Anderer Meinung ist der VPRT (Interessenverband der privaten Rundfunk- und Fernsehanbieter). Er wirft den öffentlich-rechtlichen Sendern vor, sich einen Wettbewerbsvorteil verschaffen zu wollen, der mit Grundversorgung nichts zu tun habe. Wenn die öffentlich-rechtlichen Sender frei empfängliche Programme anbieten würden, könnten die privaten ihre Investitionskosten in das Übertragungsnetz nicht nur über Werbeeinnahmen refinanzieren.[36] Bei dieser Diskussion geht es also um einen Grundsatzstreit, der einer Klärung bedarf. Bei einer möglichen Ausstrahlung würden sich die privaten Sender PRO7/SAT.1 und RTL vorläufig nur auf die Ballungsräume konzentrieren. [37]

---

[35] vgl. Pressemeldung vom 30.01.06 auf www.heise.de
[36] ebd.
[37] Müller-Römer, „Die Einführung von Broadcastdiensten:Technischer Stand und politische Herausforderungen," S. 172

3.2. Geräteinnovationen

3.2.1. Handy

Das Handy gehört zu den stärksten verbreiteten mobilen Endgeräten. Die heutigen Gerätegenerationen verfügen über eine Vielzahl von Funktion und werden in Anspielung auf die multifunktionalen Anwendungen auch schon als *„Schweizer Taschenmesser"* bezeichnet. Sie verfügen über Farbdisplay, integriertes Radio, Foto wie Videofunktionen, mp3-Player, Adressbuchverwaltung, Kalender, Notizbuch, Bildbetrachtungsprogramme, E-mail, E-Book-Reader, Möglichkeiten zur Erweiterung des Speichers, Taschenrechner, Währungsrechner, Infrarot, Bluetooth, Freisprecheinrichtung, Synchronisationsprogramme, Soundeditoren für Klingeltöne und natürlich Spiele usw.. Aufgrund der Subventionierung bei Abschluss eines Mobilfunkvertrages sind die Geräte für ein breites Publikum erschwinglich geworden.[38]

Hersteller mobiler Endgeräte stehen bei der Geräteentwicklung vor mehreren Herausforderungen. Einerseits verlangt die Vielzahl möglicher Anwendungen die Integration von immer mehr Technik in immer kleinere und leichtere Bauformen. Zugleich erfordert der Kundenanspruch, dass trotz der kleinen Bauformen der einfache Bedienungskomfort bei zunehmenden Anwendungsmöglichkeiten nicht leidet.

Der Wettbewerbsdruck unter den Herstellern ist groß, da sie immer schnellere Innovationszyklen abdecken müssen und dabei die Kundenakzeptanz bezüglich Anwendungsvielfalt, Bedienungskomfort und Design nicht aus den Augen verlieren dürfen.

Motivation für die Neuanschaffung oder den Wechsel eines mobilen Endgerätes sind in der Regel neue Anwendungsangebote. Das Abspielen von mp3´s oder der Empfang von Radioprogrammen gehört mittlerweile schon zu den etablierteren Anwendungsmöglichkeiten der Handys. Mit dem Abspielen von Videos müssen sie

---

[38] vgl. MoMa, „Nutzerakzeptanz mobiler Endgeräte," S. 3

eine weitere Hürde nehmen. Dies betrifft besonders die Kriterien Farbbildschirme

bzw. Displaygröße, Batterielaufzeit, Speicherkapazität sowie Prozessorleistung.[39]

Neben dem Handy kann ein weiterer Gerätetyp für die Übertragung von Videoformaten in Betracht gezogen werden, der PDA (Personal Digital Assistent).

3.2.2. PDA (Personal Digital Assistant)

PDAs werden von einer eher älteren Nutzergruppe bevorzugt, die sie vorwiegend geschäftlich einsetzt. Im Vergleich zu Handys, sind ihre Displays größer und werden meist durch ein „Touchscreen-Verfahren" bedient.[40] PDAs sind in der Anschaffung teurer als Handys, dafür verfügen sie über sehr umfangreiche Anwendungen. Ihr Hauptmerkmal sind die Organizer Programme. Synchronisiert man sie mit dem stationären PC, lässt sich der Datenbestand immer aktuell halten, so dass stationär und mobil der gleiche Komfort bei der Adressbuch- oder Kontaktverwaltung gewährleistet ist. Darüber hinaus verfügen sie mittlerweile über eine breite Palette der Office-Funktionen, die ihnen den Charakter von Mini PCs verleihen. Bei Einsatz einer entsprechenden Mobilfunkkarte erweitern sie ihr Anwendungsspektrum um Daten- und Sprachübertragung. Sie dürften sich für die Übertragung mobiler Videoformate besser eignen als die Handys.

Hersteller von Handys und PDAs halten sich bezüglich der für mobile Videoformate geeigneten Modellreihen noch sehr zurück. Insbesondere Geräte, die sich neben UMTS schon intensiv auf mobiles Fernsehen vorbereiten, sind für den deutschen Markt kaum zu finden. Daher soll hier nur auszugsweise auf zwei sehr innovative Gerätekonzepte der jeweiligen Kategorien hingewiesen werden.

3.2.3. LG Electronics Handy

Auf der Ifa 2006 hat der koreanische Hersteller *LG Electronics* das V9000, das erste DMB fähige Handy für den europäischen Markt vorgestellt. Es ist speziell für den Empfang von mobilen Videoformaten konzipiert worden. Mit einer Markteinführung

---

[39] vgl. MEF White Paper on "Future Mobile Entertainment Scenarios," S. 7
[40] ebd.

wird ab Anfang des zweiten Quartals 2006 in Deutschland gerechnet. Weitere Geräte sollen folgen. Laut Pressemeldung sieht die Firma *LG Electronics* ihre Kompetenz auch für die DVB-H Technik gerüstet.[41] Das erscheint bemerkenswert, denn in Korea ist die Firma mit der DMB Technik schon Marktführer.

3.2.4. Siemens Prototyp

Siemens hat auf der Ifa 2006 ein Prototypensystem auf DVB-H Basis vorgestellt, welches für den Empfang von Fernsehen, als auch multimedialen Anwendungen konzipiert wurde. Es kann als Fernsehgerät und Mobiltelefon genutzt werden. Ein Rückkanal über Mobilfunk erlaubt es den Zuschauern, per SMS an interaktiven Programmangeboten teilzunehmen. Das Gerät verfügt über einen Touchscreen und Stereolautsprecher. Ziel dieses Systems ist es, laut *Siemens*, die Nutzerakzeptanz für Multimediaanwendungen zu testen.

Die zuvor aufgezeigte scharfe Abgrenzung der beiden Kategorien Handy und PDA verwischt allerdings bei Geräten der oberen Preisklasse. Die Grenzen zwischen PDAs mit Handyfunktionalität und Handys mit integrierten PDA-Anwendungen sind dabei schon fließend. Solche Geräte werden als *„Smartphones"* bezeichnet.

3.3. Geräteillustration

Um dem Leser die wichtigsten Elemente eines zukünftigen Endgerätes für mobile Videoformate zu illustrieren, hat sich der Autor auf der folgenden Seite einer Fotomontage bedient. Sie stellt einen Mix aus schon vorhandenen Gerätetypen dar und ist als Phantasiegerät zu verstehen. Damit soll lediglich verdeutlicht werden, in welchen Größendimensionen sich die Geräte ungefähr bewegen, ohne aber Werbung für einen bestimmten Hersteller machen zu wollen.

Hinsichtlich technischer Ausgereiftheit und Vollständigkeit wurde keine Rücksicht genommen.

---

[41] vgl. Pressemeldung LG Electronics vom 01.09.2005

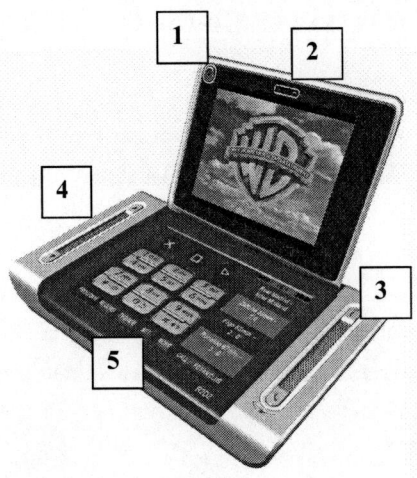

(Quelle: Nokia, Siemens, LG Electronics, Sony, Warner Brothers)

1. Eingebaute Kamera für Videotelefonie.
2. Bedienknopf für Bildschirmeinstellungen.
3. Bedienknöpfe für Sprachtelefonie.
4. Stereolautsprecher.
5. Bedienfeld, das auf der rechten Seite einen Touchscreen für interaktive Elemente vorsieht. Auf der linken Seite befindet sich ein normales Bedienfeld. Am oberen Rand soll durch die drei runden Tasten angedeutet werden, dass man auch Spielekonsolelemente integrieren könnte.

4. Aspekte für mobile Videoformate

4.1. Mobile Anwendungen

4.1.1. Der Charakter der mobilen Anwendung

Aufgrund der großen Anzahl an multimedialen- sowie Free-TV-Angeboten in Deutschland müssen mobile Videoformate erst noch zu einer marktfähigen Akzeptanz gelangen. Da sie auf etablierten Endgeräten wie Handys angeboten werden, müssen sie sich deren Charakteristika und den mobilen Nutzungssituationen anpassen. Auf den Punkt gebracht könnte man es auch so formulieren: *Mobile Entertainment* ist *portable, on demand* und *personal.* [42]

4.1.2. Das Handy als Gebrauchsgegenstand

Bis Mitte des Jahres 2005 wurden mehr als 75 Millionen Mobilfunkkunden deutschlandweit registriert.[43] Über 82% der Deutschen nutzten im Jahr 2004 ein Mobilfunkgerät (68 Millionen Verträge). Dieser Anteil, das erwartet Pricewaterhouse-Coopers, wird bis 2009 auf 89% steigen und damit um 1,7% im jährlichen Mittel.[44]

Nicht nur als ständiger und selbstverständlicher Begleiter erleichtern mobile Endgeräte flexiblere Arbeits-, Freizeit- und Alltagsgestaltung. Vielmehr unterstützen sie den Nutzer nur in seinem Bestreben nach mehr Mobilität und Individualität.

Sprachtelefonie dominiert nach wie vor den täglichen Gebrauch. Allerdings betrug der Datendienstanteil an den Mobilfunkumsätzen 2005 bereits geschätzte 20,2%. Hierzu gehören SMS mit 16,5%, MMS mit 1,0% sowie Datenübertragungen mit 2,7%.[45] Eine Studie von „*M:Metrics*" kam zu dem Ergebnis, dass die Übertragung von Videos via UMTS attraktiver erscheint, als bei 2G. Danach verschicken 9,8% der UMTS Kunden einmal im Monat Videos, was der dreifachen Datennutzung eines

---

[42] vgl. Medien Bulletin „Telenovela auf dem UMTS- Display," S. 27
[43] vgl. Pressemeldung vom 13.09.05 auf www.teltarif.de
[44] vgl. PWC, „German Entertainment and Media Outlook: 2005–2009", S. 96
[45] vgl. Dialog Consult/ vatm," Siebte gemeinsame Marktanalyse zur Telekommunikation"

2G Kunden entspricht.[46] Im letzten Quartal 2005 nutzten 107 000 deutsche UMTS Nutzer die Möglichkeit kleine Filme zu downloaden.[47] Bisher handelt es sich hauptsächlich um technikaffine Nutzer, die sich für die neuesten Dienste und Anwendungen begeistern. Laut der Studie könnten sich dreizehnmal mehr UMTS- als 2G Nutzer vorstellen, Videos zu downloaden.[48] Die höhere Bandbreite wird also als Qualitätsgewinn in der Nutzung wahrgenommen. Was fehlt, sind die ausreichenden Anwendungen.

Neben dem Zweck der Sprachtelefonie sind Umsätze durch den Verkauf von Klingeltönen, Musik, Spielen oder Logos gerade in der jugendlichen Zielgruppe ein äußerst erfolgreiches Geschäftsfeld. Diese Zielgruppe ist auch im täglichen Umgang mit dem Handy neugierig auf Anwendungen und dürfte solange die Hauptzielgruppe für mobile Videoformate bilden, bis auch für ältere Nutzergruppen passende Anwendungen gefunden werden.

4.1.3. Das Handy als Statussymbol

Durch ihr Design und ihre zahlreichen Anwendungsmöglichkeiten verkörpern Handys auch Geschmack, Aktualität und Prestige. Viele sehen in ihnen ein Statussymbol und verbinden damit den Wunsch, etwas über sich selbst auszusagen, zu repräsentieren. Unterstützung finden sie dabei durch die Industrie, die sie durch entsprechende Angebote in ihren Bedürfnissen unterstützt. Das Handy betont das persönliche Statement in der Gesellschaft und gilt als Kult- und Kommerzobjekt zugleich.

Die Hersteller haben bei den Kunden ein ganz bestimmtes Image, das sich auch auf ihr Kaufverhalten auswirkt. Laut einer Studie der Zeitschrift *Stern* würden 59% der Deutschen (ab 14 Jahre) ein *Nokiahandy* kaufen. Auch bei den Bekanntheits- und Sympathiewerten liegt *Nokia* auf Platz eins, gefolgt von *Siemens* und *Philips* auf Platz 3.[49]

---

[46] vgl. M:Metrics, „European 3G Users Embracing New Multimedia Mobile Culture," S. 2
[47] ebd. S. 3
[48] ebd. S. 3
[49] vgl. Stern/Trend/Profile „Mobilfunk," S. 14

Sowohl die Hardware als auch die Anwendungen verkörpern damit für den Nutzer ein Statussymbol, welches sich die Anbieter mobiler Videoformate zunutze machen könnten.

4.1.4. Das Handy als Informationsmedium

Die Informationsvielfalt, die der Nutzer schon aus dem Internet kennt, kann man mittels der WAP Technik (Wireless Application Protocol), auch auf dem Handy verfügbar machen. WAP- basierte Dienste ermöglichen das mobile surfen im Internet.

Ein Schwerpunkt der mobilen Informationsanwendung findet heute schon in großen und mittleren Unternehmen statt. Als bedeutendstes Ziel für diese Anwendungen wird die Beschleunigung von Prozessen und die Steigerung der Informationsqualität genannt.[50] Trotz der hohen Bedeutung verfügen zahlreiche Unternehmen aber noch über keine konkrete Strategie für die Nutzung im *mobile business*. Der Trend zur Aufstockung ihrer Budgets um die Anwendungen des *mobile business* voranzutreiben und um die Chancen schnellstmöglich zu nutzen, ist aber gegeben.

4.1.5. Das Handy als Unterhaltungsmedium

Unterhaltungsangebote auf dem Handy zeichnen sich meist dadurch aus, dass sie einen bestehenden Trend aus der Medien- und Unterhaltungsbranche noch vertiefen. Beispielsweise werden Klingeltöne, Hintergrundbilder und Spiele meist nur von kurzer Dauer auf dem Handy installiert, bevor sie durch neuere Angebote ersetzt werden. Solche Anwendungen sollen personalisieren oder zur persönlichen Auswahl bereitstehen.[51] Hierzu gehören immer mehr auch standortbezogene Dienste, die so genannten *„location based services.“* Abhängig von der Position des Mobilfunkgerätes werden dem Nutzer verschiedene Dienste angeboten.

---

[50] vgl. Mobile Business, „Zielsetzungen, Strategien, Einsatzfelder," S. 15
[51] vgl. Dialogkreis Konvergenz, „Empfehlungen," S. 18

Dazu gehören unter anderem:[52]

- Positionsbestimmung
- Routenplanung
- Kontakt zu Nutzern in der Umgebung (z.B. Chat)
- Informationen zu interessanten Sehenswürdigkeiten in der Nähe

4.1.6. Interaktivität

Interaktivität in Verbindung mit mobilen Anwendungen sieht eine aktive Einbindung des Nutzers vor. Das heißt, dem Nutzer werden Steuerungs- oder Eingriffsmöglichkeiten angeboten, die sich auf die gezeigte Handlung oder Anwendung beziehen (kontextbezogene Dienste). Dem Nutzer wird z.B. die Möglichkeit gegeben, Handlungsausgänge von Geschichten zu beeinflussen, oder bei einem Quiz mitzuraten.

Der Mehrwert für den Nutzer liegt auf der Hand. Eine gewohnte Passivität, wie sie beim stationären Fernsehkonsum vorherrscht, weicht einer aktiven Beteiligung am Geschehen. Die Option, zu einem kleinen *„Programmchef"* zu werden, soll einen höheren Grad an Unterhaltung seitens der Nutzer versprechen.

Interaktive Einbindungen sollten nutzerfreundlich konzipiert und transparent gestaltet werden. Da der Nutzer meist zu schnellen und spontanen Beteiligungen aufgefordert wird, muss für ihn das Prinzip des Formates oder seine *„Rolle"* schnell vermittelt werden. Dazu gehört auch, dass man ein klares und einfaches Bezahlsystem anbietet, damit der Nutzer weiß, mit welchen Kosten er bei Inanspruchnahme später zu rechnen hat. Die Erfahrungen aus dem Klingeltongeschäft haben gezeigt, dass gerade Jugendliche bereit sind, gewisse Mengen an Geld zu zahlen. Klare Preisgestaltungen sind unbedingt erforderlich, um das Problem der Verschuldung unter Jugendlichen nicht noch weiter zu fördern.

---

[52] vgl. wikipedia.org/wiki/Location_based_services

4.2. Formatgestaltung

4.2.1. Dramaturgiegestaltung

Mobile Videoformate erfordern spezielle Konzeptionen aufgrund der Besonderheiten der Empfangsseite, nämlich:

- Bildgröße und -qualität
- Tonwiedergabe und -qualität
- Mobile Nutzungssituation

Diese erschwerenden Faktoren gegenüber einem herkömmlichen Format müssen bei der Formatgestaltung berücksichtigt werden.

Grundsätzlich gelten auch für mobile Videoformate die bekannten dramaturgischen Grundregeln wie sie in der Filmtheorie Anwendung finden. *„Ari Hiltunen"* beschreibt in seinem Buch *„Aristoteles in Hollywood"* einen wichtigen Grundsatz folgendermaßen:

> „Wichtig ist, dass die Ereignisse logisch aufeinander aufbauen und wirksam miteinander verknüpft sind, damit ein bestimmtes Ziel erreicht werden kann; sie haben einen Anfang, eine Mitte und ein Ende, das heißt, es existiert eine Struktur aus Motiv, Absicht und Ziel."[53]

Dies bedeutet, dass die erzählten Ereignisse in eine logische Anordnung und Struktur gebracht werden müssen, damit sie dem allgemeinen Verstehen von Geschichten entsprechen. Es gilt einen Spannungsbogen zu schaffen, an dem auch der Zuschauer sein Vergnügen findet. Genau nach diesem Muster erzählen sich bekannte Kurzformate wie zum Beispiel Werbespots oder Musikvideos.

---

[53] Zitat aus:. Ari Hiltunen „Aristoteles in Hollywood," S. 60

Die für den Betrachter noch ungewohnt kleine Bildgröße, man denke an die Größe des „*post-it- Zettels,*" und mangelhafte Tonqualität schränken die Bildinformationen erheblich ein. Die Bildauflösung sollte nicht weniger als 176 x 144 Pixel (ca. 1/8 von PAL TV) und die Dateigröße nur wenige Megabyte betragen.[54] Verbunden mit relativ lichtschwachen Displays und vereinzelten Pixelfehlern im Bild, muss die Bildinformation immer noch so klar (Großaufnahmen!) sein, dass der Betrachter auch unter diesen eingeschränkten Bedingungen die Bildsprache versteht. Die Bildfrequenzen der Geräte erlauben manchmal nur das Abspielen von etwas über 10 Bilder pro Sekunde. Sie „*ruckeln*" daher manchmal extrem. Diese Bedingungen legen den Filmemachern nahe, schöne Landschaftsaufnahmen, lange Kamerafahrten, aus der Hand gedrehte Bilder, sowie raffinierte Licht- und Schattenspiele besser bei großformatigeren Filmen als Stilmittel einzusetzen.

Was das Bild nicht vermittelt, muss der Ton ausgleichen und umgekehrt. Dialoge, Musik, Kommentare und Soundeffekte stehen oft in direktem Bezug. Bild und Tonebene sollten sich daher in einem ausgewogenen Verhältnis bewegen.

Die mobile Nutzungssituation wirkt sich ebenso auf die Aufmerksamkeit und Konzentration der Zuschauer aus. Kurze Formate haben hier klare Vorteile, da sie den Zuschauer nicht allzu lange ablenken. Wer sich beispielsweise im Zug auf dem Heimweg ein Video anschaut, möchte sicher keinen kompletten Spielfilm, sonder wohl eher kurze „*Filmsnacks*" genießen.

Eigens für die mobile Nutzung konzipierte Formate können sich dieses allgemeine Verständnis von Dramaturgie aber zu nutze machen. In den USA wurde eigens dafür eine mobile Serie konzipiert, „*24 – Die Verschwörung.*" Sie baut auf der erfolgreichen Actionserie „*24*" auf.[55] Die Folgen unterteilen sich in 24 Teile à 1 Minute. In jeder Folge kommt der Held der Lösung ein bisschen näher. Dann endet die jeweilige Folge mit einem „*Cliffhanger*"[56] und verweist in einer kurzen Vorschau auf die nächste Folge. Jede Folge für sich weist eine Minidramaturgiestruktur auf. Setzt man all diese Folgen wieder zusammen, ergeben

---

[54] vgl. shortfilm.de, „Kurzfilme für die Westentasche," Teil 1
[55] vgl. mobileup.de, „Handy Serie: 24 – Die Verschwörung"
[56] Offener Ausgang einer Geschichte, der eine Fortsetzung verspricht

sie ein einheitliches Dramaturgiekonstrukt, so wie es „*Ari Hiltunen*" auch für längere Dramaturgie beschreiben würde.

Anhand dieses Serienbeispieles kann noch auf einen weiteren Aspekt hingewiesen werden. Entwickelt man einen kleinen Ableger vom großen TV-Serienbruder, so ist der Zuschauer schon mit den Grundcharakteren und Konflikten, die in dieser Serie auftauchen, vertraut. Ein kleiner Serienableger muss nicht mehr neu mit der Entwicklung aller Erzählstränge beginnen, da der Zuschauer sie kennt. Dramaturgisch kann der Drehbuchautor einige wenige Erzählstränge nehmen und daraus wieder neue Konflikte entwickeln. Diese Art der Vorgehensweise wäre z. B. auch von Nutzen um Hintergrundgeschichten einer vorhandenen TV-Serie zu entwickeln.

Der in Kapitel 4 beschriebene Aspekt der Interaktivität erweitert die Möglichkeiten der Dramaturgiegestaltung hinsichtlich neuer Erzählmöglichkeiten. Ausgehend von den oben genannten Überlegungen zu Serien könnte man z.b. folgende Varianten entwickeln:

- Unterschiedliche Handlungsstränge

Der Zuschauer begleitet den Filmhelden bis zu einem Punkt, an dem ihm dann ermöglicht wird, über den nächsten Handlungsschritt zu entscheiden. Wählt er den Weg A, löst sich die Handlung anders auf, als wenn er Weg B gewählt hätte. Je nach Länge der Geschichte und Gesamtaufbau könnten sich solche interaktiven „Regieentscheidungen" ein oder mehrere Male wiederholen.

- Unterschiedliche Charaktere

Der Zuschauer verfolgt unterschiedliche Charaktere der Serie. Er kann zwischen Protagonist, Antagonist oder anderen Charakteren wählen und erlebt die Handlung aus der jeweiligen Perspektive.

Anhand dieser zwei Beispiele erahnt man schnell, welch vielfältige Erzählmöglichkeiten sich daraus auch für mobile Videoformate entwickeln lassen.

Aber ganz unbekannt ist eine solche Art der Geschichtenerzählung auch nicht. Sie erfreut sich bei Adventure/ Rollen-Computerspielen größter Beliebtheit.

Natürlich lassen sich solche interaktiven Elemente auch für klassische Unterhaltungsprogramme wie Shows, Ratespiele oder Quiz verwenden. Man muss dem Zuschauer nur das nötige „Mitspracherecht" ermöglichen, um einen gesteigerten Mehrwert an Unterhaltung gewährleisten zu können.

4.2.2. Bestehende Formate

Bei der Auswahl der Formate, die man dem Kunden anbieten möchte, liegt es nahe, sich bereits bestehender Formate zu bedienen. Im Vergleich zu einer Neukonzeption ist der Aufwand, den es erfordert, die Formate handygerecht bzw. redaktionell aufzubereiten, relativ gering.

Auch haben bestehende TV-Formate den Vorteil, sich einer Bekanntheit beim Zuschauer zu erfreuen. Da sie schon im Fernsehen gesendet wurden, hat man Erfahrungswerte was deren Quotenerfolg und Beliebtheit betrifft. Wählt sich der Zuschauer auf mobilem Wege eines dieser Formate aus, ist davon auszugehen, dass er mit dem Format schon vertraut ist oder zumindest mit dem Fernsehsender ein bestimmtes Image verbindet.

Eine Vielzahl von Formaten ist schon aktuell für UMTS Kunden von Mobilfunkbetreibern wie *T-Mobile* oder *Vodafone* im Angebot. Dazu gehören Formate aus den unterschiedlichsten Sparten wie:[57]

- Comedy und Show
- Serien
- Daily Soaps
- Sport
- Nachrichten
- Erotik
- Dokumentationen

- Wetter
- Nachrichten
- Wirtschaft
- Musikvideos
- Kurzfilme
- Kaufkanäle
- Übertragung von live-events

---

[57] vgl. vodafone Live! Portal auf www.vodafone.de

Es zeigt, dass die Sender im Prinzip die mobile Plattform dafür nutzen können, um Formate aus ihrem Bestand zu Teilen noch einmal auszuwerten. Dies wiederum führt zu einer verstärkten Präsenz ihrer Senderprodukte.

Zusätzlich werden Live-Übertragungen zu ausgesuchten Veranstaltungen angeboten. *T-Mobile* hat 2005 in Kooperation mit Robbie Williams dessen Konzert in Berlin live auf die Mobilgeräte übertragen. Das Renngeschehen der „Tour de France" 2005 konnte man ab der fünften Etappe live und vollständig mitverfolgen.[58] Langfristig muss man jedoch beobachten, welche der oben genannten Bereiche auf der Prioritätenliste der Nutzer ganz oben stehen werden.

Bei einer Umfrage unter 2000 Handynutzern in Amerika, kamen Analysten zu folgenden interessanten Erkenntnissen.[59] Demnach stehen Musikvideos an erster Stelle, gefolgt von Sitcoms und dem Betrachten von Filmtrailern an dritter Stelle, wobei alle diese von einem mehrheitlichen Teenagerpublikum als mögliche Favoriten in Betracht gezogen wurden.

Das Unternehmen „*Qpass*" sieht aufgrund einer Umsatzsteigerung der eigenen Downloadgeschäfte um 55% im Jahr 2005 von mobilen Videos fünf Hauptbereiche, die zu steigenden Umsätzen führen könnten: Musikvideos, Comedy- und Sportclips, Film- und Fernsehvideos sowie erotische Videos.[60]

Eine solche Analyse lässt sich nicht eins zu eins für den deutschen Markt übertragen. Aber sie verdeutlicht, dass das jugendliche Publikum, welches am stärksten Klingeltöne, Lieder und Logos etc. nachfragt, auch eine wichtige Zielgruppe für mobile Videoformate darstellt.

[58] vgl. Medien Bulletin, „Marktreife ab 2007," S. 26
[59] vgl. Blickpunktfilm Meldung vom 17.11.2005 „Handynutzer bevorzugen Musikvideos"
[60] vgl. Blickpunktfilm Meldung vom 03.11.2005 „Qpass: Markt für mobile Video wächst"

4.2.3. Neue Formate

Die gewonnen Erkenntnisse sowohl aus dem Dramaturgiebereich als auch dem der bestehenden Formate sollten bei neuen Formatentwicklungen Berücksichtigung finden. Insbesondere die Integration interaktiver Elemente kann den Mehrwert mobiler Videoformate enorm erhöhen.

Die derzeitige Marktsituation in Deutschland bewegt sich noch in einer Entwicklungsphase. Die Anbieter von Inhalten studieren sehr genau das Nutzerverhalten, um mehr Erkenntnisse über die Bedürfnisse der Kunden zu gewinnen.

Als großer Hoffnungsträger für die Experten kann hier nur auf die Übertragung der Fußball WM 2006 verwiesen werden, da diese eine Chance bietet, an neue Zielgruppen jenseits der jungen und technikaffinen Nutzer (so spricht *O2* seine Zielgruppe an), zu gelangen.
Alle Übertragungstechniken und gezielte Formatangebote werden hier im Rahmen von Feldversuchen einem größeren Publikum zugänglich gemacht. Die dadurch gewonnen Ergebnisse werden wohl Grundlage für weitere Geschäftsentscheidungen bilden.

Erst wenige Anbieter haben innovative Formatkonzepte auf den Markt gebracht. Die „*MME Moviement AG*" hat die erste *Handy Soap* oder *Mobile Soap* über die Boygroup *US5* entwickelt.[61] Darin können die Fans an fiktiven Alltagsgeschichten der Boygroup Teil haben.

Die „*MicroMovie Media GmbH*" bietet innovative Kurzfilmchen an, die kleine Botschaften beinhalten. Der Aufbau eines eigenen *Mobile Video Portals* soll aber auch Filmemachern die Möglichkeit geben ihre Kurzfilme anbieten zu können.

Der europäische Marktführer von Klingeltönen, die Firma „*Jamba!,*" hat mittlerweile ebenfalls den Markt der Videoformate für sich entdeckt (insbesondere mit „*Funny Videos*" und Erotikangeboten). Durch Kooperationen zwischen

---

[61] vgl. Medien Bulletin „Die US5 Handy-Soap," S. 35

„*Jamba!*" und „*Viacom*" wird man hier noch einen dynamischeren Verlauf der Angebotspalette mobiler Formate erwarten können.

Diese wenigen Beispiele unterstreichen, dass auch deutsche Produzenten sich des Marktpotentials der mobilen Plattform durchweg bewusst sind und sich durch eigene Produktionen wie auch Lizenzen (z.B. „*Jamba!*" von „*plan_b- media*") ihren Anteil am Markt sichern wollen.

5. Rechtliche Rahmenbedingungen

5.1. Urheber- und Lizenzrechte

Nach §2 Abs. 1 Nr. 6 des Urheberrechts genießen Filmwerke, also auch mobile Videoformate, den Schutz nach Maßgabe dieses Gesetzes. Das Urheberrecht teilt sich in die Urheberpersönlichkeitsrechte sowie die Verwertungsrechte auf.

Die Persönlichkeitsrechte nach §12-14 UrhG besagen, dass der Urheber sowohl Recht auf Anerkennung seiner Urheberschaft (Namensnennung) hat als auch zur Bestimmung, ob und wie sein Werk der Öffentlichkeit zugänglich gemacht wird. Das Urheberecht ist nach § 29 Abs. 1 UrhG nicht auf andere übertragbar. Jedoch ist nach § 29 Abs.2 UrhG die Einräumung von Nutzungsrechten zulässig.

Die Verwertungsrechte nach §15 ff. UrhG und die Einräumung der Nutzungsrechte nach §31 ff. UrhG, die der Urheber einem Produzenten einräumt, regeln inwiefern das Filmwerk wirtschaftlich auf bestimmten Nutzungsarten wie Kino, TV, Video, ausgewertet werden darf. Eine Nutzungsart stellt immer eine technisch-wirtschaftliche selbständige Nutzungsart dar. Bei der Verwertung von audiovisuellen Inhalten auf mobilen Endgeräten handelt es sich um eine neue Nutzungsart.
Zudem muss geklärt werden für welchen Zeitraum und welches Lizenzgebiet (national, international) die Rechte durch den Produzenten erworben werden.

Im Kontext des Urhebergesetzes sind noch die Leistungsschutzrechte zu erwähnen. Diese gelten insbesondere für ausübende Künstler, Schauspieler, Tonträgerhersteller und Videocliproduzenten (§54, §85 UrhG).[62] Die Rechte werden meist an Verwertungsgesellschaften übertragen und von diesen treuhänderisch verwaltet. Die eingenommenen Gelder werden nach einem bestimmten Schlüssel an die Urheber weiter gegeben.

Produzenten müssen die nötigen Urheber- und Lizenzrechte erwerben, um ihre Filme kommerziell auswerten zu dürfen. Sie schützen sich damit rechtlich gegen unbefugten Gebrauch/ Vertrieb (illegale Tauschbörsen/ Raubkopien). Ziel des

---

[62] vgl. Pleister, „Europäisches Medienrecht/ Vertragsrecht," S. 26

Produzenten ist es, die Filmwerke urheberrechtlich zu schützen und die ihm zustehenden Einnahmen zu sichern. Auf diesen rechtlichen Grundlagen aufbauend ist es erst möglich Abrechnungsmöglichkeiten für den mobilen Vertrieb zu gewährleisten.

5.1.1. Rechtlicher Rahmen für den Vertrieb mobiler Videoformate

Bei dem Vertrieb ist es für den Produzenten notwendig über die Verwertungsrechte nach §15 ff. UrhG zu verfügen. Ihr Erwerb ermöglicht es erst, das Filmwerk zu vervielfältigen, zu verbreiten oder öffentlich zugänglich zu machen. Hat der Produzent diese zwecks Finanzierung seines Filmprojektes schon vorab an einen Kinovertrieb oder Fernsehsender abgegeben, kann er sie nicht selbstständig über den mobilen Vertriebsweg auswerten.

Das ist der Grund, weshalb Fernsehsender bei der Verwertung eine starke Position haben, da sie sich grundsätzlich bei allen Auftragsproduktionen die Rechte zu 100% übertragen lassen. Sollen diese in mobile Videoformate übertragen und gesendet werden, benötigt der Initiator, sei es der Mobilfunkbetreiber oder der zwischengeschaltete Produzent, entsprechende Lizenzvereinbarungen, um auswerten zu können. Vertraglich ist immer zu prüfen, ob die Lizenzrechte für Mobile Videoformate überhaupt vorliegen. Die Handy-Soap über die Boygroup *US5* ist nur möglich gewesen, da man die Band an den Einnahmen beteiligte.[63] Um die Urheberrechte der ausübenden Künstler nicht zu verletzen, muss man gegebenenfalls auch die Verträge nachverhandeln.

Gleichzeitig bietet dieses neue Medium aber auch eine Chance für etablierte Firmen, die als Rechte- und Lizenzinhaber noch über ein eigenes Filmarchiv verfügen. Die formatgerechte visuelle wie auch inhaltliche Umwandlung in mobile Videoformate lässt alte Programmmarken noch einmal aufleben und neue entstehen. Dies ist eine Chance, Marktanteile und Marktkompetenz neu zu erwerben.

Die Mobilfunkbetreiber stehen in diesem Geschäft noch am Anfang der Entwicklung. Soweit erkennbar, suchen sie Kooperationen und Lizenzabschlüsse mit

---

[63] vgl. Medien Bulletin,"Die US5 Handy-Soap," S. 37

Produzenten (auch Filmstudios, die ihr Filmarchiv auswerten) sowie Musiksendern (z.B. *Motorola* und *E-plus* mit *MTV*). Inwieweit Mobilfunkbetreiber selber Produktionen ganz neuer, passgenauer Formate vornehmen und damit volle Rechteinhaber werden, bleibt abzuwarten.

5.1.2 Schutz vor missbräuchlicher Verwendung durch den Nutzer

Um Vergütungsansprüche durch die Auswertung mobiler Videoformate geltend machen zu können, muss man sich auf der Anbieterseite gegen illegale Tauschbörsen oder Raubkopien, wie sie durch das Internet gefördert werden, absichern. Der wirtschaftliche Schaden der hierdurch entsteht, wäre für zukünftige mobile Multimediaplattformen fatal.

Industrieforen wie die „*OMA*" (Open Mobile Alliance), eine Vereinigung aus über 300 Unternehmen, arbeiten seit ihrer Gründung im Jahr 2001 an technischen Standardisierungen und rechtlichen Rahmenbedingungen für mobile Dienste. Hauptaufgabe der „*OMA*" ist „...die Herstellung von geeigneten Rahmenbedingungen für die Interoperabilität der mobilen Dienste bezüglich Endgeräte, Länder/Regionen, Diensteanbieter, Netzbetreiber und Netze."[64] Als technische Plattformen, die in den mobilen Geräten schon installiert sind, wurden bisher die „*OMA*" DRM Version 1 und 2 entwickelt.[65]

Unter dem Begriff des DRM (Digitales Rechtekontroll-Management) versuchen Rechteinhaber einen Schutz ihrer Urheber- und Vermarktungsrechte zu sichern. Für den mobilen Zweig spricht man auch von dem mDRM, dem „*mobilen Digitalen Rechtekontroll-Management.*" Dabei werden digitale Inhalte mit zusätzlichen Informationen versehen, die darüber entscheiden, wie der Nutzer mit der Datei verfahren darf.[66] Verschlüsselungstechniken in der Datei, die wiederum von einer entsprechenden Abspiel-Software entschlüsselt werden, kontrollieren die Zugriffsrechte der Nutzer.

---

[64] Zitat aus „Mobile Multimedia Dienste," S. 36
[65] vgl. White Paper, "A guide to mobile Digital Rights Management," S. 3
[66] vgl. irights.info, Digitales Rechtemanagement/ Rechte oder Restriktionen?

Beispielsweise ist das einmalige Abspielen eines Liedes erlaubt. Bei einem weiteren Versuch wird der Nutzer dazu aufgefordert, das Lied zu kaufen. Oder es wird definiert, ob die Datei vervielfältigt oder auf mehreren Geräten abgespielt werden kann, je nach den Vorstellungen der Rechteinhaber. So hat *Vodafone* mit dem Unternehmen *„CoreMedia"* eine Zusammenarbeit getroffen, bei der die Inhalte den Nutzern in verschiedenen Stufen angeboten werden. Ein entsprechender *„Licence Delivery Server"* definiert Regeln und entsprechend automatisch definierte Lizenzen nach dem *„OMA"* Standard DRM 1 und 2. Diese Regelung ermöglicht es *Vodafone* zum Beispiel, seinen Nutzern gegen Aufpreis die Weitergabe von Downloads an Freunde und Bekannte zu gestatten.[67]

Um die Zugriffrechte überhaupt überwachen zu können, sammeln die DRM-Systeme versteckt Informationen über den Nutzer. Die eingebaute Abspielsoftware überwacht den Nutzer sozusagen heimlich in Hintergrund, ohne das er etwas davon bemerkt. Und genau darin sehen Datenschützer die Gefahr solcher Kontrollsysteme. Dem Nutzer ist es praktisch nicht mehr möglich, geschützte digitale Inhalte anonym zu nutzen, so wie es bei anderen Medien wie z.B. Zeitungen oder Büchern der Fall ist.[68] Die datenschutzrechtliche Brisanz liegt darin, dass der Rechteinhaber keine Kenntnis darüber haben sollte, welche Dateien der Nutzer gerne verwendet.[69]

Hier geraten Rechteinhaber und Konsumenten in einen Konflikt. Die Rechteinhaber wollen ihre Urheberrechte gesichert wissen und die Konsumenten wollen digitale Inhalte zu fairen Nutzungsbedingungen.
Die Autoren der im Auftrag des Bundesministeriums für Bildung und Forschung erstellten Studie *„privacy4DRM,"* gehen in ihrer Analyse ebenfalls auf dieses Thema ein. Das zukünftige Ziel innovativer Technologiepolitik müsse sein,

> „...die Blockade zwischen dem Interesse der Verwertung und dem der Nutzer aufzulösen. Sie ist innovativ, wenn es ihr gelingt die DRM- Modelle zu fördern, die Nutzer über die Bedingungen des DRM verständlich und eindeutig informieren und ihnen gleichzeitig faire Nutzungsbedingungen mit Entscheidungsalternativen anbieten."[70]

---

[67] vgl. www.coremedia.com/de
[68] ebd.
[69] ebd.
[70] Zitat aus: „privacy4DRM- Datenschutzverträgliches und nutzungsfreundliches Digital Rights Management," S. 192

Einen solchen Ansatz gilt es für weitere technische und rechtliche Weiterentwicklungen mobiler Multimediaplattformen zu verfolgen. Eine Zunahme von Inhalteanbietern und des Nutzerinteresses ist nur mit einem zunehmenden Maße an Sicherheit und gegenseitigem Vertrauen realisierbar.

6. Vertriebswege

Etablierte Vertriebswege für mobile Videoformate befinden sich in Deutschland noch im Aufbau. Aber es gibt Initiativen und Events, die etwas an diesem Zustand ändern wollen, um den Inhalteanbietern eine breitere Plattform zu schaffen.

Das „bitfilm-Festival" in Hamburg und das „interfilm-Festival" in Berlin präsentieren auf ihren Veranstaltungen Wettbewerbe für eine neue Sparte, die so genannten „micromovies."

In Zusammenarbeit von interfilm und Siemens wurde dafür sogar eigens der „micro-movie-award" ausgeschrieben. Die Filmaufnahme erfolgte ausschließlich über ein von Siemens gesponsertes Gerät. Auch O2 hat den „mobile-movie-award" ausgeschrieben, der im Rahmen der Berlinale präsentiert wurde und wirklich interessante Filme präsentieren konnte.

Auf der Suche nach content, respektive Inhalten, bedienen sich große Medienunternehmen und Endgerätehersteller der Festivals sowie selbst initiierten Wettbewerben, um neuen content zu finden. Leider sind die bisherigen Teilnahmebedingungen mit massiven Rechteabtretungen zu Ungunsten der Filmemacher verbunden.

Damit deckt sich aber noch lange nicht der Bedarf an benötigtem content, um einen Massenmarkt versorgen zu können, den die großen Unternehmen der Branche definitiv benötigen. Den weiteren Bedarf versuchen sie durch entsprechende Verträge mit Distributoren wie bitfilm, Lizenzvereinbarungen mit Video- und Musikverlagen oder der kompletten Firmenübernahme spezialisierter Dienstleister zu decken. Solche Strategien lassen erkennen, dass man sich dadurch eine bessere Marktpositionierung- und Kompetenz verspricht. Nur wenigen Anbietern, wie z.B. der „Jamba! GmbH" oder der „micromovie Media GmbH," ist es in Deutschland bisher gelungen, die eigenen Produktionen direkt zu vermarkten.

Um die Vertriebswege besser nachvollziehen zu können soll das Prinzip durch folgendes Diagramm skizziert werden.

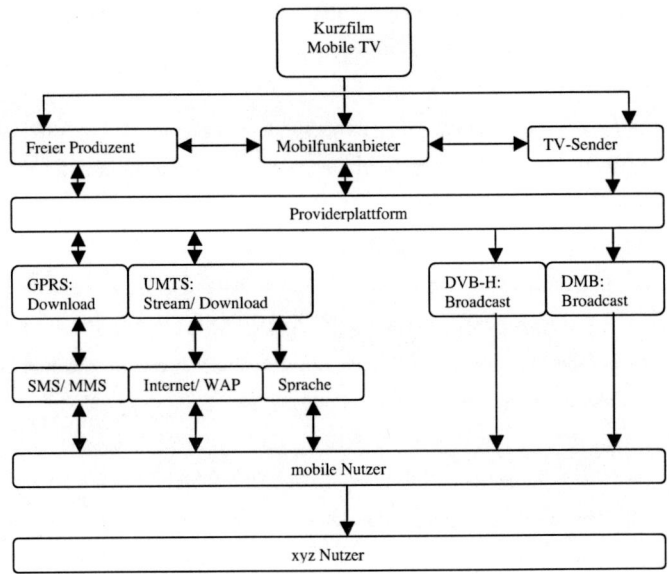

6.1. Providerplattform

Vor einer Betrachtung der potentiellen Vertriebswege wird folgend die Aufgabe der Providerplattform erklärt.

Die Providerplattform ist eine Dienstleistungsebene derer sich alle drei Anbieter bedienen. Auf ihr findet die formatgerechte Aufarbeitung, Speicherung sowie Weitersendung an den Nutzer statt. Diese Funktionen können, müssen aber nicht von einem speziellen Dienstleister übernommen werden. Im Falle von Mobilfunkanbietern wird diese Funktion meist selbst übernommen. Fernsehsender können im Prinzip auch eine solche Plattform stellen, da auch sie ein eigenes Kommunikationsnetz besitzen. Es gilt jedoch abzuwarten, wie Plattformen geschaffen werden, die auch DMB und DVB-H für mobile Videoformate stellen können.

Für das Verständnis der Vertriebswege soll hier die Betrachtung der Providerplattform als technisches Bindeglied zwischen Anbieter und Nutzer zu verstehen sein. Sie unterscheidet sich grob in zwei Funktionen.

6.1.1. Hosting Providing

Auf dieser Ebene wird dafür Sorge getragen, dass die Inhalte in der Weise aufbereitet werden, dass sie auf den unterschiedlichen Endgerätetypen mit jeweils anderen Anforderungen in attraktiver Form empfänglich sind. Gleichzeitig werden hier die DRM-Regeln, Interaktionsportale sowie Abrechnungsmodelle definiert.

6.1.2. Access Providing

Access Providing stellt die technische Plattform und die Übertragungswege zu den Endnutzern her. Dies Ebene umfasst die Infrastruktur und Bereitstellung nötiger Serversysteme sowie Übertragungs- und Sendetechniken.

6.2. Vertriebswege für den freien Produzenten

6.2.1. Eigenes Downloadportal

Der Produzent bietet seinen Film zum Download über ein Internetportal an. Gegen Entgelt bekommt der Nutzer den Film auf sein Endgerät geschickt.
Je nach DRM-Lösung kann der erste Nutzer den Film nach dem Prinzip der viralen Verbreitung[71] an beliebig viele Nutzer schicken oder muss für die Weitergabe einen Aufschlag zahlen (Beispiel *Vodafone*).

6.2.2. Vertrieb über TV-Sender

Die Weitergabe der Lizenzen erfolgt an einen TV Sender. Der TV Sender strahlt den Film via DMB oder DVB-H Verfahren an den Nutzer aus.

---

[71] Weitergabe des Films nach dem Prinzip der Mundpropaganda

6.2.3. Vertrieb über TV- Sender/ Mobilfunkanbieter

Die Weitergabe der Lizenzen erfolgt an einen TV Sender. Der TV-Sender strahlt den Film via DMB oder DVB-H an den Nutzer aus. Interaktive Elemente werden mittels des Rückkanals über die Netze der Mobilfunkanbieter ermöglicht.

6.3. Vertriebswege für den Mobilfunkanbieter

6.3.1. Formaterwerb über den freien Produzenten

Der Mobilfunkanbieter erwirbt Lizenzen von Formaten über den freien Produzenten. Der Vertrieb wird über Mobilfunk oder zukünftig auch über DMB oder DVB-H realisiert.

6.3.2. Formaterwerb über TV-Sender

Der Mobilfunkanbieter erwirbt Lizenzen schon bestehender Senderformate. Der Vertrieb wird über Mobilfunk oder zukünftig auch über DMB oder DVB-H realisiert.

6.4. Vertrieb über TV-Sender

6.4.1. Formaterwerb über den freien Produzenten

Der TV-Sender erwirbt Formate über den freien Produzenten. Er strahlt den Film via DMB oder DVB-H an den Nutzer aus. Eine Kopplung mit interaktiven Elementen erfolgt über die Mobilfunknetze.

6.4.2. Formaterwerb über den Mobilfunkanbieter

Der Sender erwirbt Formate über den Mobilfunkanbieter. Ein gemeinsamer Vertrieb erfolgt über DMD, DVB-H und die Mobilfunknetze. Eine Kopplung mit interaktiven Elementen erfolgt über die Mobilfunknetze.

6.5. Mögliche Bezahlmodelle, gestaffelt nach Übertragungsart

6.5.1. Zahlung über Download

- Der Nutzer zahlt für den Film einen Festpreis und übernimmt die Kosten für die anfallende Datenübertragung.
- Der Film wird kostenlos angeboten. Der Kunde übernimmt die Kosten für die anfallende Datenübertragung (z.B. bei Filmtrailern).
- VoD (Video on Demand). Der Nutzer bezahlt für den ausgewählten Film.
- Per Flatrate. Diese unterteilt in Minuten-, Daten- oder echter Flatrate. Der Nutzer schließt dementsprechenden Vertrag ab.

6.5.2. Zahlung über Stream

- Der Nutzer zahlt Pauschalpreis nach Minuten oder Stunden
- Der Nutzer kann gegen Entgelt bestimmte Programme sehen
- Per Flatrate. Untereilt in Minuten-, Daten- oder echter Flatrate. Der Nutzer schließt dementsprechenden Vertrag ab.

6.5.3. Zahlung über Broadcastdienste

- Free to Air. Bestimmte Programme sind frei empfangbar für den Nutzer.
- Pay TV. Nutzung des Angebots gegen Entgelt.
- Der Nutzer zahlt einen Pauschalpreis, gestaffelt nach Minuten oder Stunden
- Der Nutzer kann gegen Entgelt bestimmte Programme sehen
- Per Flatrate. Untereilt in Minuten-, Daten- oder echter Flatrate. Der Nutzer schließt dementsprechenden Vertrag ab.

7. Wirtschaftliche Erfolgsaussichten

Bis zum dritten Quartal 2005 wurden 74,068 Millionen Mobilfunkteilnehmer in Deutschland registriert. Das entspricht einer Marktdurchdringung (Penetration) von 89,8%.[72] Die nachfolgende Grafik verdeutlicht, dass bis zum Jahr 2000 hohe Wachstumsraten zu verzeichnen waren. Diese lassen sich durch die Etablierung der Prepaid-Angebote erklären, die im Wesentlichen von Wenigtelefonierern in Anspruch genommen werden.

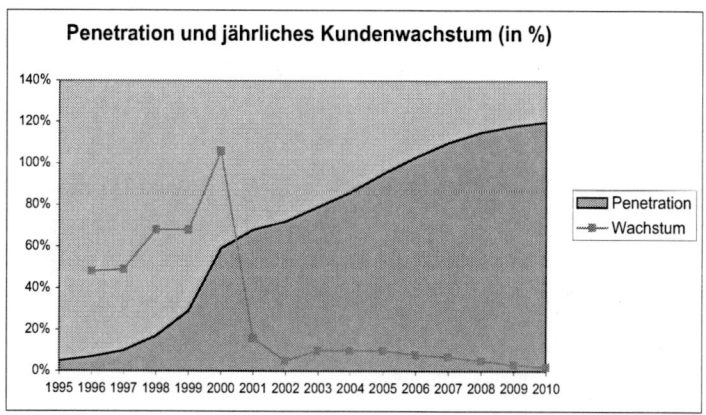

(Quelle: Bundesnetzagentur/ Solon)

Parallel hierzu verlief eine Entwicklung, die dazu führte, dass das bis 1999 de facto bestehende Oligopol der drei Mobilfunkanbieter durch den Einstieg von *O2* gebrochen wurde. Nachfolgende Grafik zeigt auf, zu welchen Anteilen sich der Markt unter den Mobilfunkunternehmen aufteilt.

---

[72] vgl. Bundesnetzagentur, Stand: 31.07.2005

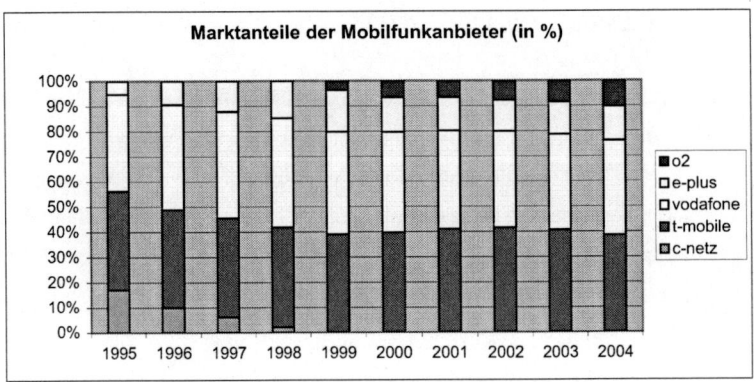

(Quelle: Bundesnetzagentur)

Geht man davon aus, dass bis Ende 2005 etwa 75 Millionen Mobilfunkkunden registriert waren, dürfte daraus ein Gesamtbranchenumsatz von knapp 23 Milliarden Euro generiert worden sein.[73] Es wird kalkuliert, dass der Umsatz pro Monat/ Kunde 2005 bei ca. 25€ lag.[74] Damit ist der Umsatz pro Kunde/ Monat seit 1995 (damals lag er bei 75€) kontinuierlich gesunken.[75] Die Gründe hierfür liegen in der gestiegenen Penetration sowie einer starken Zunahme der Prepaid-Tarife. Das Gesprächsvolumen/ Kunde sinkt, da Prepaid-Kunden eher Wenignutzer sind. Hinzu kommen noch die gefallenen Preise.[76] Um diesem Trend entgegenzuwirken, müssen die einzelnen Zielgruppen durch entsprechende Angebote gezielter bedient werden. Ebenso bleibt festzustellen, dass die Umsätze durch Datenübertragungen für die Mobilfunkbetreiber immer wichtiger werden.

Der Umsatzanteil durch Datendienste am Gesamtumsatz im Jahre 2005 wird auf ca. 21% geschätzt. Dabei entfallen 15% auf den Bereich Messaging (MMS & SMS), sowie 6% auf reine Datenübertragung.[77] Laut *Solon* wird dieser Anteil durch Datenübertragung bis zum Jahr 2010 auf 35% steigen.

---

[73] Davon betrug der Umsatzanteil beim Branchenprimus T-Mobile rd. 8,7 Milliarden bei 29,5 Millionen Mobilfunkkunden.
[74] vgl. Solon, „Mobilfunk Deutschland 2010," S. 9
[75] ebd. S. 9
[76] ebd. S. 9
[77] ebd. S. 13

Die jährliche Entwicklung für den mobilen TV Markt in Deutschland wurde speziell von *Goldmedia* hochgerechnet. *Goldmedia* prognostiziert sehr optimistisch bei einem gegenwärtigen Umsatz von 20 Millionen Euro ein Wachstum auf bis zu 450 Millionen Euro im Jahr bis 2010 und damit jährliche Zuwachsraten von 70 – 80%.[78]

Die Ausschöpfung des Marktpotentials hängt entscheidend von folgenden Kernelementen ab:[79]

- Nutzer
- Endgerätehersteller
- Infrastrukturbetreiber
- Programmveranstalter und Inhalteanbieter

7.1. Nutzer

7.1.1. Akzeptanz von Technik und Tarifen

Der Nutzer bildet für die beteiligten Marktteilnehmer das Fundament. Zukünftige mobile Anwendungen müssen so konzipiert werden, dass sie dem Nutzer einen klaren Mehrwert vermitteln.

In gewisser Weise muss der Nutzer behutsam mit Techniken wie UMTS und später DVB-H sowie DMB vertraut gemacht werden. Durch ihre Vielseitigkeit und Potentiale dürfen diese Techniken nicht Gefahr laufen, den Nutzer durch komplizierte Anwendungen abzuschrecken. Immerhin herrscht noch große Unkenntnis darüber, was sich überhaupt hinter den Techniken verbirgt.

Da sich DMB und DVB-H noch in Pilotphasen befinden, ist es die UMTS Technik, mit der Nutzer in naher Zukunft (ca. 2 Jahre) Erfahrungen sammeln werden. Für diesen Zeitraum obliegt es der Verantwortung der Mobilfunkbetreiber, den Mehrwert durch UMTS zu vermitteln.

---

[78] vgl. Meldung von goldmedia
[79] vgl. MEF White Paper on "Future Mobile Entertainment Scenarios," S. 7

Provokativ formuliert, wird der Nutzer erst einmal gar keinen Unterschied zwischen 2G und 3G feststellen, sollte er sein Handy nur für Sprachtelefonie oder dem Versenden von SMS-Nachrichten nutzen. Es wird davon ausgegangen, dass erst im Jahre 2009 der Anteil der 3G Mobilfunkgeräte auf 40% steigen wird.[80]

Offeriert man dem Nutzer Datendienste via UMTS an, wird er vorwiegend preissensibel reagieren. Dabei wird abgewogen, ob der Datendienst es ihm wert ist, Geld dafür zu zahlen. Für Sprachtelefonie existiert schon ein Preisgefühl, und er kann in etwa abschätzen, mit welchen Kosten sie verbunden ist. Ebenso gilt dies für den Versand einer SMS (*„Killerapplikation"*).

Ziel der Mobilfunkbetreiber muss es sein, den Kunden nicht mit komplizierten Preisstaffelungen für Geräte und Tarifen zu konfrontieren. Transparente Tarife werden für mehr Akzeptanz und weniger Unsicherheit sorgen. Dies ist die Grundlage für eine breite Akzeptanz zukünftiger Datendienste.

Ein weiteres Kriterium für den Nutzer wird das mobile Endgerät sein. Wie in Kapitel 4. aufgezeigt wurde, ist es für viele Nutzer, besonders jüngere, ein Statussymbol. Entspricht der neue Handytyp nicht den Erwartungen und Ansprüchen hinsichtlich Bedienkomfort, Größe und Design, haben der Hersteller und der mit ihm kooperierende Mobilfunkbetreiber das Nachsehen.

Wie in Kapitel 4. verdeutlicht wurde, spielt die Erreichbarkeit, egal wann und wo, für die Nutzer eine sehr wichtige Rolle. Ohne Netzempfang ist weder Gespräch noch Datendienst möglich. Die Netzbetreiber müssen daher Sorge tragen, dass die Netze weiter ausgebaut werden.

---

[80] vgl. Blickpunktfilm, Meldung vom 13.01.06

7.1.2. Akzeptanz von Inhalten und Anwendungen

In der Filmbranche wird gerne gesagt: *„Content is king.“* Nur wenn ein Kinofilm das Publikum begeistert, und der TV-Film eine gute Quote erzielt, kann von wirtschaftlichem Erfolg gesprochen werden. Für mobile Videoformate ist dieser Grundsatz ebenso von Bedeutung. Die Art und die Inhalt der Anwendungen werden über den Erfolg entscheiden. Unbestritten ist jedoch das Bedürfnis der Nutzer nach unterhaltsamen Geschichten.

Diese Kriterien wird der Nutzer an zukünftige Techniken und Dienste anlegen und entscheiden, ob sie mit seinen eigenen Wünschen korrespondieren.

Nachfolgend werden nun die anderen Kernelemente hinsichtlich ihrer Rolle und Verantwortung untersucht. Aus Nutzersicht ist dies sozusagen ein „Blick hinter die Kulissen.“

7.2. Endgerätehersteller

Wie in Kapitel 3. ausgeführt wurde, treiben die Hersteller die technischen Entwicklungen und Neuerungen stark voran. Um den Ansprüchen von audiovisuellen Anwendungen gerecht zu werden, müssen die Geräte über die dazu notwendigen Techniken verfügen. Wenn die Qualität von Bild und Ton besser wird, haben es die Produzenten bei der Herstellung von Filmen einfacher. Wie in Kapitel 4. beschrieben wurde, zwingen die bisher schlechten Ausgabequalitäten die Filmemacher, diese Einschränkungen bei der Komposition von Bild und Ton zu berücksichtigen.

Nach Intention des Industrieforums „*OMA*," muss auf eine Vereinheitlichung der technischen Systemkomponenten Wert gelegt werden. Eine Standardisierung der Schnittstellen zwischen den verschiedenen Applikationen und Plattformen ist Grundlage für eine Steigerung der Angebotsqualität. Eine Folge von geschlossenen Schnittstellen wäre ein erschwerter Zugang für beteiligte Zulieferanten.[81]

Handys werden in Zukunft nicht nur Klingeltöne und MMS-Animationen abspielen. Der Trend geht zu multimedialem Hightech. Bei Implementierung der Übertragungstechniken DMB und DVB-H ist die Einflussnahme der Endgerätehersteller nicht zu unterschätzen. Die Antwort auf die Frage, welche Technik sich international durchsetzen wird, steht noch aus. Technisch gesehen, kann man in nicht allzu ferner Zukunft davon ausgehen, dass es möglich sein wird, alle drahtlosen Übertragungstechniken in einem Gerät zu integrieren. Das Problem ist nur, ob die Hersteller diesen Trend bedingungslos unterstützen würden. Wenn der Gerätehersteller *Samsung* (stellvertretend für Asien) ein DMB fähiges Mobilgerät, und *Nokia* (stellvertretend für Europa) ein DVB-H fähiges auf den Markt bringt, stehen zwei Hersteller in einem Konkurrenzverhältnis. Obwohl technisch möglich, ist es noch schwer vorstellbar, dass die Hersteller die Konkurrenztechnik unterstützen würden, jedenfalls jetzt noch nicht. Es ist also anzunehmen, dass die Marktstrategien zu Ungunsten der technischen Machbarkeiten abgewogen werden. Wenn dem so ist, werden die Unternehmen einen Machtkampf um Marktanteile und

---

[81] vgl. Büllingen/ Stamm, 2004, S. 18

Technikinnovationen führen. Es würde sich der Standard durchsetzen, der am schnellsten die kritische Masse an Anwendern und Partnern erreicht.[82] Hier sollte eine schnelle Einigung gefunden werden. *„Der Kunde ist und bleibt König."*

---

[82]vgl. Gaswindt/ Schläffer, „Wirtschaftliche und politische Chancen der Informationsgesellschaft," S. 17

7.3. Infrastrukturbetreiber

7.3.1. Netzinfrastruktur

Eine für alle technischen Übertragungsmöglichkeiten machbare Netzinfrastruktur ist Aufgabe der Netzbetreiber. Die Mobilfunkbetreiber stehen bei UMTS vor der Aufgabe die enorm hohen Lizenzeinkäufe zu amortisieren und gleichzeitig das Netz weiter auszubauen, was deutschlandweit erst zu ca. 60% geschehen ist.

Die Autoren von „Mobile Entertainment Analyst" geben in ihrer Studie sechs technische Parameter für drahtlose Netzwerke an, die mobile Unterhaltungsanwendungen möglich machen.[83]

- Abdeckung
- Bandbreite
- Verfügbarkeit
- Kapazität
- Übertragungsqualität
- Sicherheit

Die Herausforderung besteht darin, die UMTS Dienste nicht zu billig, aber auch nicht zu teuer dem Nutzer zu verkaufen. Bietet der Netzbetreiber sie zu billig an, sind die Preise später nur schwer zu erhöhen. Anders herum könnte es den Nutzer abschrecken. Nur teure Marketingstrategien könnten dann UMTS noch retten.

7.3.2 Tarifsysteme

Transparente und übersichtliche Tarifsysteme sind ein Muss für die Netzbetreiber. Ansonsten würden sie entgegen dem Trend der Discount- und Flatratetarifen handeln. Diese erfreuen sich gerade deswegen so großer Beliebtheit, weil sie einfach und transparent sind. Es gibt schon jetzt Tarife mit Flatrates für Gespräche in das deutsche Festnetz, wie etwa „Base" von E-Plus. Diese Angebote stellen den heimischen Telefonanschluss ernsthaft in Frage.

---

[83] vgl. MEF White Paper on "Future Mobile Entertainment Scenarios," S. 7

Es wäre also sinnvoll, Tarifsysteme zu schaffen, die sich mehr am Nutzerverhalten der Kunden orientieren. Es ist bewiesen, dass die Preissensitivität für geführte Gespräche nach Vertragsabschluss stark abnimmt. Außerdem ermöglichen Flatrates dem Nutzer mehr Mobilität, da er nicht mehr stationär gebunden ist.

Diesem Szenario stünde eventuell entgegen, dass die Netzkapazitäten bei UMTS noch nicht vollständig zur Verfügung stehen. Dies hätte zur Folge, dass es zu Engpässen kommt, sobald *„Heavy User"* hohe Datenmengen abrufen. Solche Engpässe führen aber leider nicht zu mehr Umsatz bei den Mobilfunkanbietern.

Eine der letzten Studien von *Nokia* belegt, dass die Hälfte der befragten Nutzer durchaus bereit wäre, zwischen fünf und zehn Euro im Monat für zukünftige Datendienste zu zahlen.[84] *Goldmedia* spricht sogar von einer Spanne zwischen 5€ – 12,5€ pro Monat.[85] Dazu gehört ein sicheres, aber immer noch einfaches Bezahlsystem.

Weiterhin müssen die Geräte für den Kunden subventioniert werden, da es für den Kunden besonders wichtig ist, neueste Gerätemodelle zu erwerben. Die Höhe der Subventionierung wird dabei häufig niedrigeren Tarifen vorgezogen.

7.3.3. Inhalte

Transparente Tarifmodelle und Gerätesubventionierung vorausgesetzt, stehen die Netzbetreiber vor einem weiteren Problem inhaltlicher Frage. Bisher suchen sie noch nach Anwendungen und Inhalten, die sich als *„Killerapplikation"* beim Nutzer erweisen. Auch hier gilt die Regel, dass man über den richtigen Inhalt das Nutzerverhalten forcieren kann.

Bei der Beschaffung der Inhalte und Produktionsquellen gehen die Netzbetreiber noch sehr einseitig vor. Fast ausschließlich bedient sich das Angebot der Wiederverwertung bekannter Sendermarken. Eigene Produktionen befinden sich

---

[84] vgl. Meldung in Medien Bulletin „Handy-TV-User sind bereit zu zahlen," S. 10
[85] vgl. Meldung von goldmedia

noch im Anfangsstadium. Das Angebot von Sport, Nachrichten und Erotik dient hier sicherlich als Zugpferd für Handy-TV.

Für eine Wiederverwertung bekannter Programmmarken spricht, dass erst einmal die Nutzerakzeptanz ausgelotet wird, bevor neue Geschäftsmodelle folgen. Immerhin haben die Netzbetreiber noch mit den Amortisierungshürden des UMTS Netzes zu kalkulieren. Aufgrund der hohen Investitionskosten für die Netzbetreiber ist daher zu verstehen, warum sich die Netzbetreiber vorhandener Formate bedienen. Außerdem bleibt festzustellen, dass dieser Bereich nicht zu den Kernkompetenzen der Netzbetreiber gehört. Der Einkauf von Know-how bei Dritten ist daher logisch und sinnvoll.

Des Weiteren werden interaktive Formate oder *„local-based-services"* sich immer der Netzbetreiber bedienen müssen, da sie das technische Bindeglied, einschließlich der Plattformen, zum Kunden darstellen.
Dieser Kontext wird umso bedeutsamer, sobald DMB und DVB-H wirklich marktfähig auf dem deutschen Markt sind. Interaktive Applikationen sind dann nur über einen Mobilfunkkanal realisierbar. Dann kommt dem Netzbetreiber eine Funktion vergleichbar mit dem *„Kassenhäuschen"* zu.

7.3.4. Frequenzknappheit

Die Streitfrage hinsichtlich öffentlich-rechtlicher und privater Sender (wie in Kapitel 3. erwähnt) muss ebenfalls geklärt werden. Die öffentlich-rechtlichen Sender spielen hierbei eine entscheidende Rolle. Sollten sie die zur Verfügung stehenden Frequenzen für DMB und DVB-H in Anspruch nehmen, wäre die Frage, was noch an Frequenzen übrig bleibt. Schlimmsten Falls müssten private Anbieter bis im Jahr 2010 auf neue Frequenzen warten.

Die kostenlose 1:1 Ausstrahlung würde die Bezahlvorhaben der privaten Sender und anderer Teilnehmer vor ein Finanzierungsproblem stellen. Wahrscheinlich würde ein solches Szenario die beliebte *„alles-ist-kostenlos-Mentalität"* aus dem Internet fördern. Bei einem solchen Szenario wäre ein Netzinfrastrukturaufbau zum Scheitern verurteilt.

7.4. Programmveranstalter und Inhalteanbieter

Bei der Suche nach der *„Killerapplikation"* oder *dem* Inhalt für mobile Videoformate, fällt den Produzenten von *Content* eine entscheidende Rolle zu. In diesem Kontext muss aber zwischen Produzenten der Fernsehsender, die ihre eigenen Programmmarken über den mobilen Kanal vertreiben, und dem freien Produzenten der neue, originäre Formate anbieten möchte, unterschieden werden.

7.4.1. Fernsehsender

Wie in Kapitel 6. beschrieben wurde, laufen die bisherigen Handy-TV Angebote fast nur über Auswertung vorhandener Programmmarken. Neue Formate und Anwendungen bleiben weitestgehend unberücksichtigt.

Die Strategie der Fernsehsender ist verständlich. Immerhin bietet sich ihnen die Möglichkeit ihre Produktmarken zu stärken, da sie die Rechte an den Formaten besitzen und sich Kompetenzen auf dem Markt für mobile Videoformate erwerben wollen.

Zusätzlich können sie ihre existierenden Programmarchive auswerten. Wahrscheinlich werden sie in Zukunft noch mehr originäre Inhalte für etablierte Programmmarken anbieten (z.B. bei *GZSZ*). Zusätzlich werden die Erstausstrahlungen von Live-Übertragungen und neuen Programmen über die mobile Plattform an Bedeutung zunehmen.

Diese Vorhaben werden wohl in enger Kooperation mit der Werbewirtschaft stattfinden. Das Potential, Formate interaktiv mit dem Nutzer zu verknüpfen, ist bisher unberücksichtigt geblieben. Dennoch richten sich solche Geschäftsmodelle sehr stark an ein TV-affines Publikum.

7.4.2. Freie Produzenten

Unklar ist die zukünftige Rolle freier Produzenten. Werden es die großen Filmstudios und Medienunternehmen sein, die kleineren Produzenten keinen Platz auf diesem Markt einräumen oder öffnet man sich kollegial neuen Innovationen und originären Inhalten? Sollte ersteres der Fall sein, hat ein kleinerer Produzent keine Chance. Schlimmstenfalls würden die Fernsehsender, große Medienunternehmen und amerikanische Studios den Markt für mobile Videoformate dominieren.

Oder man ermöglicht auch den kleinen Produzenten sich in den Markt zu integrieren. Vielleicht bilden sich die *„X-Filmer"* des mobilen Videoformatmarktes. Das dürfte umso leichter gelingen, je eher sie sich als Interessengemeinschaft formieren, um gegen dominierende Unternehmen etwas ausrichten zu können.

7.4.3. Eigene Formate

Bei dem Angebot eigener Formate ist der Produzent in jedem Fall auf die Kooperation mit dem Mobilfunkbetreiber angewiesen. Insbesondere wenn er interaktive Konzepte realisiert. Primär sollte er sich einen eigenen Bestand an Filmen aufbauen. Erst dann ist es ihm möglich den Massenmarkt an Mobilfunknutzern ausreichend mit Angeboten versorgen zu können. Bei derzeitigen Verkaufspreisen von 2-5€ pro Film kommt der Umsatz nur über die Masse zustande.

7.4.4. Marketingkanal

Bei Betrachtung der bisherigen Angebote auf den Portalen von *T-Mobile* und *Vodafone* fällt auf, dass diese noch sehr stark an TV-Formaten angelehnt sind. Bisher unberücksichtigt geblieben ist der bewusste Bezug zu Kinofilmen. Auch wenn man in naher Zukunft keine ganzen Spielfilme auf Handys anschauen wird, so könnte dieser mobile Weg auch für Kinofilmproduktionen nicht uninteressant sein.

Der Produzent nimmt dafür den mobilen Vertrieb ganz gezielt in seine Marketingstrategien auf. Somit kann er einen noch größeren Kreis an potentiellen Zuschauern erreichen.

Schon vor Kinostart werden auf dem mobilen Kanal Trailer, Quizs und Informationen rund um den Film präsentiert. Die Filmpremiere wird z.B. auch live vom roten Teppich aus übertragen. Merchandisingprodukte werden extra beworben. Nach der Strategie des *Guerilla-Marketings* werden Filmausschnitte an bestimmte Nutzergruppen verschickt. Diese können die Filme weiterschicken (Digitale Mundpropaganda). Specials, wie man sie von der DVD als Extramenü kennt, werden exklusiv nur Mobilkunden angeboten (Regiekommentar, Interviews, extra Szenen etc.).

Dies würde eine Erweiterung der bisherigen Marketingstrategien darstellen. Zugleich wird hier der Ansatz verfolgt, das Publikum durch einen Mehrwert an Unterhaltung zu locken, wie man es derzeitig mit den TV-Formaten auf oben genannten Portalen versucht.

Auch wenn solche Szenarien erst einmal nur als Marketingmaßnahmen denkbar sind, besteht das Potential, die Akzeptanz von mobilen Diensten, wie auch längeren Filmformaten zu fördern. Der Mehrwert an Unterhaltung für den Kunden wäre gegeben.

Ebenso können Kurzfilmproduzenten, die in diesem Markt noch keinen nennenswerten Einfluss haben sich dieser Modellüberlegungen bedienen. Sie könnten darüber ausgewählte Filmprojekte ausstrahlen (z.B. mobiles Filmhochschulfernsehen).

8. Fazit und Ausblick

Der Markt für mobile Videoformate befindet sich noch am Anfang seiner Entwicklung. Wichtigster Förderer war bisher die Mobilfunkbranche. Mit der Entwicklung innovativer multimedialer Anwendungen versucht sie, UMTS zum Durchbruch zu verhelfen.

Parallel dazu entwickeln sich die digitalen Rundfunkdienste, die erkannt haben, dass mobile Anwendungen in Zukunft einen immer größeren Stellenwert einnehmen werden.

Obwohl die Technologien derzeitig noch parallel laufen, werden sie in naher Zukunft verschmelzen. Ebenso werden Telekommunikations- und Medienmarkt weiter konvergieren. Das verlangt eine noch stärkere Kooperation der Marktteilnehmer, sowohl in technischer-, rechtlicher- als auch inhaltlicher Hinsicht. Mit dem großen Durchbruch mobiler Videoformate in Deutschland im Jahr 2006 kann nicht gerechnet werden.

Ob mobile Videoformate sich als Killerapplikation für UMTS erweisen werden, vermag diese Arbeit noch nicht zu sagen. Für die Film-Fernsehbranche werden mobile Plattformen zukünftig eine immer größere Rolle spielen.

Scheinbar wird aber bisher von allen Marktteilnehmern das Potential von mobilen Videoformaten unter dem Aspekt eines *neuen* Formates unterschätzt.

Kurzfilmproduzenten sollten diese Chance nutzen, und mit ihrer Kompetenz und Leidenschaft aus der Kurzfilmszene sich für mobile Videoformate einsetzen. Es bietet sich ihnen die einmalige Möglichkeit, ihre Filme auf einer größeren Plattform mit neuen Zielgruppen zu präsentieren. Und, unter dem Aspekt der Interaktivität, können sie ihre Filmideen um ungeahnte Möglichkeiten erweitern.

Das Leben wird immer mobiler und mobile Videoformate werden uns dabei begleiten. Blicken wir also positiv auf die kommenden Entwicklungen und stellen uns ihnen mit Engagement und Kreativität.

9. Glossar

2G	2. Generation des Mobilfunks
3G	3. Generation des Mobilfunks
4G	4. Generation des Mobilfunks

A

AMR	Adaptive Multi- Rate
AAC	Advance Audio Coding

B

Base	Marke des Mobilfunkbetreibers E-Plus
Broadcasting	Rundfunk von einem Punkt an mehrere Teilnehmer gleichzeitig
BSAC	Bit Sliced Arithmetic Coding. MPG-4 Standard für Audio Codec
Bursts	Übertragungsmodus zur Beschleunigung von Lese- oder Schreibvorgängen.

C

Codec	codieren- und decodieren von Dateien
Content	Inhalt

D

DMB	Digital Media Broadcast
DVB- H	Digital Video Broadcast- Handheld
Download	Herunterladen von Daten
DRM	Digital Rights Management

E

e-commerce	Elektronischer Handel

F

Frequenzbereich   Übertragungsbereich

Frequenzmultiplex   Übertragung mehrerer Signale über einen Kanal

Flatrate   Pauschaltarif

G

GPRS   General Packet Radio Service

GSM   Global Systems for Mobile Communications

GEZ   Gebühreneinzugszentrale

GZSZ   Gute Zeiten Schlechte Zeiten (Soapformat auf RTL)

Guerilla-Marketing   Ungewöhnliche Aktion im Marketing

H

HSDPA   High Speed Downlink Packet Access

H.263/ H.264   Standards zur Videokodierung mit Kompression

I

IP   Internet Protokoll

IP Basiert   Datenpakete schicken/ überprüfen/ Rückmeldung

IFA   Internationale Funk Ausstellung

K

kbps   kilobit per second

Killerapplikation   Anwendung, die neuer Technik zum Durchbruch verhilft

L

Location

based services   Standortbezogene Dienste

L-Band   Frequenzband

M

MMS   Multimedia Messaging Service

MPEG2 /MPEG 4   Moving Picture

                              ExpertsGroupVideokompressionsstandards

MP3	MPEG-1 Audiolayer 3
Mbps	Megabyte per second

O

OMA	Open Mobile Alliance

P

PAL	Phase Alternating Line
Pixel	Bildpunkt
Prepaid	Guthaben
Provider	Anbieter von Telekommunikationsdiensten

S

Soap	Soap- Opera / Seitenoper
Streaming	Strömen / Übertragung von Datenströmen
SMS	Short Message Service

T

Timeslicing	Zeitscheibchen
TV	Television
Touchscreen	Sensorbildschirm

U

UMTS	Universal Mobile Telecommunications System

V

VPRT	Interessenverbandes der privaten Rundfunk- und Fernsehanbieter

W

WAP	Wireless Application Protocol
WIK	Wissenschaftliche Institut für Kommunikationsdienste
Wikipedia	freie Online-Enzyklopädie.

Quellenverzeichnis

Literatur

Jean Claude Bisenius, Wolf Siegert: Multi Media Mobil (Mobile Dienste in digitalen Rundfunk- und Telekommunikationsnetzen- Analysen & Perspektiven), Medienanstalt berlin-brandenburg (mabb), Band 15, Vistas Verlag GmbH Berlin 2002

Jörg Eberspächer, Albrecht Ziemer (Hrsg.): Digitale Medien und Konvergenz – Tagungsband, Hüthig Verlag Heidelberg 2001

Michael Latzer, Ursula Maier-Rabler, Gabriele Siegert Thomas Steinmaurer (Hg.): Die Zukunft der Kommunikation / Phänomene und Trends in der Informationsgesellschaft, Bd.4, Studien Verlag Innsbruck- Wien 1999

Ari Hiltunen, „Aristoteles in Hollywood," Bastei Lübbe, erste Auflage 2001

Urheber- und Verlagsrecht, Beck- Texte im dtv, 10. Auflage 2003

Michaela Maier: Zur Konvergenz des Fernsehens in Deutschland (Ergebnisse qualitativer und repräsentativer Zuschauerbefragungen), Bd. 11, UVK Verlagsgesellschaft mbH, Konstanz 2002

Dr. Christian C.- W. Pleister „Europäisches Medienrecht/ Vertragsrecht Wintersemester 2003/2004 Sommersemester 2004

Studien

„Der Markt für Content unter den Bedingungen der Digitalisierung"
Prognosen, Entwicklungsszenarien und Handlungsbedarf
Eine Untersuchung von Mc Kinsey & Company im Auftrag von film20

„Brennerstudie 2005" Kopieren und Downloaden von Spiel- /Kinofilmen
Eine Untersuchung von GfK Panel Services Deutschland für Filmförderungsanstalt,
Berlin

„Mobile Business" Zielsetzungen —Strategien — Einsatzfelder
Erstellt von DGMF Deutsche Gesellschaft für Managementforschung
„European 3G Users Embracing New Multimedia Mobile Culture"
Eine Untersuchung von M:Metrics, London

„German Entertainment and Media" Outlook: 2005–2009/ Die Entwicklung des
deutschen Unterhaltungs- und Medienmarktes
Eine Untersuchung von Price Waterhouse Coopers

„Mobilfunk Deutschland 2010- Billigmarken sind erst der Anfang"
Eine Untersuchung von Dr. Philipp Geiger, Solon Management Consulting

„Nutzerakzeptanz mobiler Endgeräte"
Eine Untersuchung im Rahmen des Projektes „MoMa Mobiles Marketing" zum
Programm MobilMedia des Bundesministeriums für Wirtschaft und Arbeit (BMWA)
Erstellt von Tamara Högler, Gunther Schiefer, Rebecca Bulander
Institut AIFB, Universität Karlsruhe (TH)

MEF White Paper on "Future Mobile Entertainment Scenarios"
Erstellt von BOOZ/ ALLEN/ HAMILTON & Mobile Entertainment Analyst, März
2003

Executive Summary „MEF mDRM White Paper"
A guide to mobile Digital Rights Management

Eine Untersuchung von BOOZ/ ALLEN/ HAMILTON & Mobile Entertainment Analyst, Juli 2005

„Siebte gemeinsame Marktanalyse zur Telekommunikation"
Eine Untersuchung von: Dialog Consult GmbH/ vatm

„Mobilfunk" Trend Profile 01/05
Anke Selig, Stern Anzeigenabteilung / Gruner + Jahr AG & Co KG

„privacy4DRM" Datenschutzverträgliches und nutzungsfreundliches
Digital Rights Management
Eine Untersuchung im Auftrag des Bundesministeriums für Bildung und Forschung
Erstellt von: Fraunhofer-Institut für Digitale Medientechnologie (IDMT),
Unabhängiges Landeszentrum für Datenschutz, Institut für Medien- und
Kommunikationswissenschaft der TU Ilmenau (IfMK), Mai 2005

Herausgeber T. Ganswindt, D. Heuskel, C. Schläffer:
„Wirtschaftliche und politische Chancen der Informationsgesellschaft" Dezember
2005

Franz Büllingen/ Peter Stamm, Wissenschaftliches Institut für Kommunikation
(WIK), im Auftrag des Bundesministeriums für Wissenschaft und Forschung:
„Mobile Multimedia Dienste – Deutschlands Chance im internationalen
Wettbewerb," Bad Honnef Juli 2004

„Jahresbericht 2004"
Regulierungsbehörde für Telekommunikation und Post

„Mobiltelefondienst/ Marktanteile der Netzbetreiber"
Bundesnetzagentur, Stand: 31.07.2005

Presse

F.Müller-Römer „Die Einführung von Broadcast- Mediendiensten: Technischer Stand und politische Anforderungen" In: FKT, 4/2005

Michael Kornfeld „DVB-H: Digitaler Rundfunk für Smartphone, PDA & Co." In FKT: 1-2/ 2005

Reiner Müller „Neue Geschäftsmodelle" In: Medien Bulletin 10/2005

Erika Butzek „Telenovela auf dem UMTS- Display" in Medien Bulletin 04/2005

Erika Butzek „Marktreife ab 2007" in Medien Bulletin 12/2005

Erika Butzek „Die US5 Handy Soap" in Medien Bulletin 12/2005

„Interaktives Handy-TV wird zum Umsatztreiber" in Medien Bulletin 12/2005

69

Internetquellen

umts.info

http://umts.info/html/about/about01.htm (Zugriff: 24.09.2005)

umts-report.de

http://www.umts-report.de/umtseinfuehrung.php?ida=268884&idc=287 (Zugriff: 03.01.2006)

Spiegel.de

http://www.spiegel.de/spiegel/0,1518,379994,00.html (Zugriff: 17.10.2005)

ARD

ARD Ratgeber Technik - Fernsehen auf dem Handy - Glotze für unterwegs

4http://www.ndrtv.de/ratgebertechnik/themen/20050904_handy_fernsehen.html (Zugriff: 04.09.2005)

BMCO- Forum

vgl. www.bmco-berlin.com/index.php?id=1 (Zugriff: 08.01.2006)

Pressemeldung vom HAM

www.ham-online.de/details.php?id=93 (Zugriff 04.01.2006)

LFK Baden Württemberg

http://www.lfk.de/presseundpublikationen/pm/2005/05-20.html (Zugriff: vom 17.10.2005)

Blickpunkt: Film Pressebericht vom 29.11.2005

www.mediabiz.de/newsvoll.afp?Nnr=194616&Biz=mobile&Premium=N&Navi=00 000000&T=1 (Zugriff: 29.11.2005)

Blickpunkt: Film Pressebericht vom 17.11.2005

www.mediabiz.de/newsvoll.afp?Nnr=194616&Biz=mobile&Premium=N&Navi=00 000000&T=1 (Zugriff 17.11.2005)

Blickpunkt: Film Pressebericht vom 19.10.2005

http://www.mediabiz.de/newsvoll.afp?Nnr=191268&Biz=mobile&Premium=N&Na
vi=00000000&T=1 (Zugriff: 19.10.2005)

Blickpunkt: Film Pressebericht vom 27.10.2005

http://www.mediabiz.de/newsvoll.afp?Nnr=191268&Biz=mobile&Premium=N&Na
vi=00000000&T=1 (Zugriff 27.10.2005)

Blickpunkt: Film Pressebericht vom 13.01.2006

http://www.mediabiz.de/newsvoll.afp?Nnr=191268&Biz=mobile&Premium=N&Na
vi=00000000&T=1 (Zugriff 23.01.2006)

Wikipedia

http://de.wikipedia.org/wiki/Medienkonvergenz (Zugriff: 08.10.2005)

http://de.wikipedia.org/wiki/GPRS (Zugriff: 12.12.2005)

http://de.wikipedia.org/wiki/UMTS (Zugriff: 03.09.2005)

http://de.wikipedia.org/wiki/DAB (Zugriff: 27.10.2005)

http://de.wikipipedia.org/wiki/DVB-H (Zugriff: 03.011.2005)

http://de.wikipedia.org/wiki/Location_based_services (Zugriff: 01.01.2006)

Heise

Meldung auf www.heise.de/mobil/newsticker/meldung/66934/ (Zugriff: 30.01.2006)

Shortfilm

http://62.27.42.46/ikf/index.php?id=1735 (Zugriff 18.01.2006)

www.vodafone.de: Vodafone Live! Portal

http://vodafone.de/live/portal/mobiletv_video/64653.html (Zugriff:13.12.2005)

T-Mobile

http://www.t-mobile.de/mobiletrends/1,9578,14090-_,00.html (Zugriff: 15.01.2006)

Teltarif.de

http://www.teltarif.de/i/gprs.html (Zugriff: 8.12.2005)

irights.info

http://irights.info/index.php?id=140 (Zugriff 17.01.2006)

coremedia.de

http://www.coremedia.com/de/88994/vodafone/ (Zugriff 17.01.2006)

goldmedia.de

http://goldmedia.bytespring.de/Single-View.490+M5de2163c588.0.html (Zugriff 07.01.2006)

LG Electronics

http://de.lge.com/products/mobile/mobil/newsarchive.do?action=r...list_code=PRO_ NEWS&seq=6317&page=1&target=read&categoryId=ROOT (Zugriff: 25.01.2006)

mobileup.de

Handy Serie: 24 – Die Verschwörung

3http://www.mobileup.de/handy-software/vodafone-fox-entertainment-24.html (Zugriff: 06.02.2006)

Wissenschaftlicher Buchverlag bietet

kostenfreie

Publikation

von

wissenschaftlichen Arbeiten

Diplomarbeiten, Magisterarbeiten, Master und Bachelor Theses
sowie Dissertationen, Habilitationen und wissenschaftliche Monographien

Sie verfügen über eine wissenschaftliche Abschlußarbeit zu aktuellen oder zeitlosen
Fragestellungen, die hohen inhaltlichen und formalen Ansprüchen genügt,
und haben **Interesse an einer honorarvergüteten Publikation?**

Dann senden Sie bitte erste Informationen über Ihre Arbeit per Email
an info@vdm-verlag.de. Unser Außenlektorat meldet sich umgehend bei Ihnen.

VDM Verlag Dr. Müller Aktiengesellschaft & Co. KG
Dudweiler Landstraße 125a
D - 66123 Saarbrücken

www.vdm-verlag.de